国际著名服装设计师 Ms. Law 亲自给陈百加老师定制肖像画

陈百加博士与法国前总理德维尔潘交流教育

法国前总理德维尔潘受邀参加陈百加教育举办的中国家庭教育国际高峰论坛

陈百加博士与比利时前驻华大使帕特里克·奈斯先生

《新时代中华国礼第一福》作者乔领、宁雪君夫妇赠"福"给陈百加老师

陈百加老师邀请《新时代中华国礼第一福》作者乔领先生为"赢在孩子"题字，并与湖南广播电视台导演郭海峰先生合影

陈百加教育与湖南广播电视台携手打造《赢在孩子》栏目

湖南广播电视台《赢在孩子》栏目启动仪式

陈百加教育"关系效能"课程现场

陈百加老师与著名节目主持人蒋昌建先生

陈百加老师与教育部第八届国家督学、原教育部基础教育司副司长傅国亮先生

陈百加老师与中国教育发展战略学会副会长、国家教育发展研究中心原副主任周满生教授

陈百加老师与革命先烈黄兴的孙女黄仪庄女士

《富爸爸穷爸爸》作者罗伯特·清崎给陈百加博士
颁发"关系财富效能首席专家"牌匾

中国电子商会商学院聘请陈百加老师为副院长

陈百加博士系列丛书展览

陈百加老师与硅谷创新频道丁丁电视创始人丁维平女士

青少年领袖训练营学员参观腾讯众创空间

青少年领袖训练营学员参观深圳证券交易所

督导型父母的 16 个原则

陈百加 ◎ 著

清华大学出版社

北　京

本书封面贴有清华大学出版社防伪标签,无标签者不得销售。
版权所有,侵权必究。举报:010-62782989,beiqinquan@tup.tsinghua.edu.cn。

图书在版编目(CIP)数据

督导型父母的 16 个原则 / 陈百加著. —北京:清华大学出版社,2021.5
ISBN 978-7-302-57390-6

Ⅰ.①督… Ⅱ.①陈… Ⅲ.①儿童教育－家庭教育 Ⅳ.① G782

中国版本图书馆 CIP 数据核字 (2021) 第 021391 号

责任编辑:	王　定
封面设计:	周晓亮
版式设计:	思创景点
责任校对:	马遥遥
责任印制:	宋　林

出版发行:清华大学出版社
　　　网　　　址:http://www.tup.com.cn,http://www.wqbook.com
　　　地　　　址:北京清华大学学研大厦 A 座　　　邮　　编:100084
　　　社 总 机:010-62770175　　　邮　　购:010-62786544
　　　投稿与读者服务:010-62776969,c-service@tup.tsinghua.edu.cn
　　　质 量 反 馈:010-62772015,zhiliang@tup.tsinghua.edu.cn
印 刷 者:三河市君旺印务有限公司
装 订 者:三河市启晨纸制品加工有限公司
经　　销:全国新华书店
开　　本:148mm×210mm　　印　张:6.75　　字　数:140 千字
版　　次:2021 年 5 月第 1 版　　印　次:2021 年 5 月第 1 次印刷
定　　价:98.00 元

产品编号:086237-01

代 序

教育是百年大计

认识陈百加老师已经一年多了,虽然相识不久,但每次见面都像是久别重逢。获知百加老师要出版《督导型父母的16个原则》一书,我们有幸提前拜读,许多内容很是新颖,感觉十分受益。

百加老师是一个认真、热情、真诚、勤奋的人,有着极强的敬业精神和时代使命感,以及强大的能量场和凝聚力。她的讲课风格严谨、幽默、条理清晰,给人豁然开朗的感觉。

教育是百年大计,是最值得投资的人生大事。《督导型父母的16个原则》一书中所描述的点点滴滴就发生在我们身边,人生、家庭和教育的大小事都被描绘得亲切自然,宛如在百加老师的课堂上一样,引人入胜。孟子认为,"得天下英才而教育之",这是人生非常重要的乐趣。教育的目的就是唤醒人们心灵深处的自我意识、生命意识,促使人们的价值观、生命感、创造力觉醒，以实现自我生命的意义，成就更大的幸福。

百加老师的教育理念得到了越来越多的认可，这离不开她一直以来为教育事业付出的心血。百加老师和她的教育团队以"点燃十亿生命，成就中国未来精英"为奋斗目标，有着浓烈家国情怀和中华民族伟大复兴历史使命感。

《督导型父母的16个原则》是百加老师多年来从事教育事业的心血结晶，有着较高的学习价值，相信必将受到读者们的关注和欢迎！

乔领、宁雪君

当代国礼艺术家

中华国礼福馆馆长

书法作品《新时代中华国礼第一福》作者

自　　序

我在百加亲子线上学院推出亲子关系的讲座之后，大家的反响很热烈，不仅有很多家长听了我的讲座，而且有很多家长在线跟我互动，给我留言提问。这两年，我也将我这些年的研究成果以及与成千上万个家长、孩子直接接触、互动之后的经验和故事做了整理，就是为了能提供一套系统又简单的方法，让家长轻松拥有良好的亲子关系，培养出优秀而又快乐的孩子！

比如，之前出版的《亲密式父母的12个教育模式》告诉大家在和孩子的相处中，要尽量避免摧毁孩子的自信心，介绍了亲密式父母的12个教育模式的具体内容。

本书从16个关键词出发，阐述亲子关系里特别重要的16个原理，意在启发父母一起来思考，并促进其在行为上做出改变。

近几年，关于孩子受伤害或者孩子出手伤害别人的新闻不胜枚举，且触目惊心。比如，2018年11月19日陕西神木市政府网站通报了一起案件：一名初中女生被6名未成年人带去卖淫，因为嫖客不满意，他们就把该女生带回家，用皮带、砖头等殴打了长达数小时，第二天发现女生死亡后，他们又把她肢解埋在了墙角，然后跟没事人一样，假装不知道。这样的行为一点不像是未满18岁的孩子所为。什么样的家庭背景或者说是什么样的父母才造就了这样的孩子，小小年纪竟然有一颗如此残忍又冷漠的心？孩子犯罪，家长真的只能把责任推给社会吗？

我们也会在新闻中看到极个别家长对自己的孩子狠下毒手的报道，其行为毒辣到令人发指。有的为了让孩子顺从，电击孩子；有的因为工作生活不顺心，将孩子毒打致死；有的孩子被继父性侵，母亲却还不知情等。"当父母不用考试就能上岗，真的很可怕！"

为人父母很容易，也很难！如果为人父母不学习如何成为一个合格的好父母，仅凭人性和任性教育孩子，这样的父母将是孩子的灾难，更是未来社会的灾难！因为从这样的家庭里走出的孩子极有可能在未来我们无法预期的某一天危害社会。

我们将孩子带到这个五彩斑斓的世界，都是从毫无做父母的经验开始，然后摸索、学习，跟孩子一起学会爱与包容，养育、教育、关心、爱护孩子，让他们长大成为独立的、对社会有价值的人，直到我们渐渐老去。这其实是一个非常美妙的过程！

当然，美妙的过程中也难免会经历一些挫折。本书就是要告诉家长，良好的亲子关系中，作为父母必须掌握的16个原理。我将这16个原理总结成了16个关键词，然后用理论阐述与生活化案例相结合的方式，让大家轻松掌握，以期在与孩子相处的过程中成功地避开那些我们容易遇到的挫折，轻松享受人生中这一大段美妙的育儿过程！

依然的，我的心愿未变，且永远不变：

愿每位父母的爱都能正确地输出！

愿每位父母都能得到最好的回报！
愿每个家庭都充满爱！
愿世界更美好！

陈百加

2021 年 1 月

目　　录

第一章　聆听
　　——聆听是良好沟通的开始 /1

第二章　沟通
　　——能产生有效结果的沟通才算沟通 /13

第三章　爱
　　——爱就是爱，不需要用条件来换 /27

第四章　目标
　　——人生就是目标达成的过程 /41

第五章　计划
　　——计划是目标达成的路径 /53

第六章　行动
　　——未来的竞争是行动力的竞争 /67

第七章　给予
　　——人生的价值就是不断的给予 /81

第八章　感恩
　　——感恩的时候，付出会代替索取 /93

第九章　快乐
　　——快乐是生命的基础底色 /103

第十章　信任
　　——要相信"信任的力量" /115

第十一章　选择
　　——选择是一种能力，它比努力更重要 /129

第十二章　规则
　　——遵守规则是保护自己的起点 /139

第十三章　责任
　　——没有任何一个人能比自己更能为自己负责任 /151

第十四章　冲突
　　——冲突是人最好的导师 /163

第十五章　赞美
　　——赞美是需要勤加练习的能力 /175

第十六章　安全
　　——从意识到常识，确保身心俱安 /185

第一章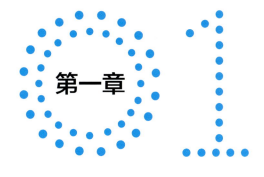

聆听
——聆听是良好沟通的开始

耳朵是通向心灵的路。

——伏尔泰

聆听是人的本能,
人都是通过聆听接收外界的信息,
聆听是我们了解、认识这个世界的重要途径,
婴幼儿就是在聆听中渐渐成长起来的。

什么是聆听

在很多面对面沟通的课堂上,我告诉家长们:"亲子关系里最重要的第一个原理就是聆听。"很多家长都表示不理解,他们总跟我说:"我不是天天都在听吗?听还需要学习吗?我有耳朵就会听人说话啊……"

可是,你真的知道什么是真正的聆听吗?

聆听是指集中精力、虔诚而认真地听。语出汉代思想家杨雄《法言·五百》:"聆听前世,清视在下,鉴莫近于斯矣。"聆字从耳从令,令声。"令"意为"吩咐"。"耳"与"令"联合起来表示"倾听吩咐"。聆听是敬辞,主语只能是说话人自己,表示对对方的尊敬。

日常生活中,你常常怀着对孩子的尊敬之心去聆听孩子说出的话吗?正常人都有一张嘴巴、两只耳朵,意味着造物主让我们多听少讲,只有听清楚了,才能说明白。而聆听不仅仅要用耳朵,更要用心。

在沟通过程中,聆听是准确接收和理解信息发送者意图的关键步骤。每个人的表达方式和沟通内容都受其年龄、性别、文化背景、知识结构、能力、经验等因素的影响,不同的聆听对象接收到的信息和感受会千差万别。**只有清楚地了解对方的真实意图,才能做出有效且积极的反应,否则将不可避免地出现理解错误甚至误解对方,尤其表达者还是一个自我表达能力可能还不很强的孩子。**

你真的听懂孩子说话的意思了吗?如果不懂,就请耐心听孩子把话说完。真正的聆听需要遵循两个重点原则:一是听话不要听一半;二是不要把自己的理解投射到别人所说的话上。

记住:听见了≠听懂了!

聆听的重要性

很多人都明白聆听的重要性,但在我们的学校教育中,几乎没有一门课是教我们如何聆听的。著名管理学者 Lyman Steil 说:"在人们所使用的听、说、读、写这些沟通技能里,使用最频繁的是'听',然而我们对'听'的训练却最少。"

很多人认为,只要耳朵能听见,就自然而然地具备聆听的技能。其实不然,听见与听懂,完全是两回事。

> 一位女主人将在晚上宴客,有一道主菜是稀有的石斑鱼。为了让客人完美地品尝到鱼的鲜美滋味,女主人不厌其烦地一遍又一遍叮嘱厨师清蒸的方法、火候的大小及时间的长短。末了,女主人还特别交待了摆放鱼的方式:"记住,要用银盘来盛这条鱼,银盘四周要有精美的装饰。别忘了,嘴巴里含一片柠檬。"厨师点了点头,女主人就去忙别的事情了。
>
> 晚宴时,宾主尽欢,最后一道主菜——清蒸石斑鱼上桌时,原本愉悦的气氛霎时静了下来。石斑鱼放在银盘当中,色香味俱全,银盘四周也如女主人吩咐的有精美的装饰,但是上菜的厨师嘴巴里含着一片柠檬的样子,惹得大家哄堂大笑。

不要把"说服"当作沟通,让对方开口的最好方法是聆听,因为沟通过程中最重要的是接纳对方的感觉。接纳不等于同意,但至少我们听到了,且全部听到了,这样才是以诚相待,对方也才会真诚地表达自我并积极沟通,而不是噤若寒蝉、一味地沉默。

> 一位小学员的父亲跟我聊到他的困惑,他说:"我的儿子上完您的青少年班之后,回家就对我说'百加老师特别关心我'。可是我辛辛苦苦养了他13年,他从来都没说过我关心他,以前还总是跟我对着干!"
>
> 我笑了,轻轻地问了这个父亲一句话:"你平时会专注地听你的孩子说话吗?"
>
> 他很诧异,思索了一下说:"我好像压根就没有想过要认真听他说话……"
>
> 我继续笑着说:"我不过就是在教室里面,很认真地听过孩子说话,听到了他的心声,我和孩子目前成了好朋友。

> 我仅仅做了这么一点点，就抵过了你13年的养育。所以，聆听才是良好沟通的开始！"

了解一个人的最快途径就是聆听。**人与人之间产生矛盾的原因往往就是认为对方不理解自己、不懂自己、根本不知道自己在想什么，尤其是对方是自己认为的最亲近、最重要、最该了解自己的人的时候。**其实对孩子来说，就算父母给了再多的物质，都不如理解他、了解他更能体现出对他的爱，更能走进他的内心。无论是与孩子、爱人、朋友还是与任何一个人沟通，如果你愿意聆听，愿意放下一切认真地聆听对方，你就有可能获得对方的信任，就有可能与对方在沟通的层面建立关系。如果没有心灵上的沟通，人与人之间就是疏远的。聆听恰恰可以让我们达成这样的心灵沟通，让我们成为对方的知己。所以，**聆听是与人建立亲密关系最重要的能力和手段，没有之一。**

聆听无比重要，那么该如何聆听呢？掌握聆听的技巧之前，首先应认识聆听的态度。

聆听的态度

1. 真诚

交流的最高境界是心与心的沟通，要达到这种境界，**首先彼此需要有诚意。**敷衍了事的态度，就算是孩子也能觉察得出来，没有人愿意把自己的心敞开给一个鄙夷、轻视自己的人。

我有一个学员跟我谈到他与太太的关系，他说他与太太相处得不好，很多时候他都不想回家，因为他觉得太太对他有太多莫名的不满，见到他就唠叨，两个人经常为一些小事吵架，让他很烦。

于是，我教了他一个改善两人关系的简单方法，这个方法就是无论太太怎么说、说什么，都耐心地保持着微笑聆听！同时，我还教给他一些聆听的技巧和注意事项，他回家后照做了。

再次来到课堂的时候，他告诉我："每次我微笑着听太太发牢骚，过了一会儿，我太太就会说'哎呀，算了，你都听我说了这么多，我就不跟你计较了！'"

以前，他可能遇到问题就想解决问题，于是太太一说话他就开始拼命解释，结果越解释误会越多，越解释越复杂。反而是当他试着去耐心聆听的时候，问题就解决了。

2. 谦和、平等

没有平等和尊重，就没有真正意义的沟通和交流。**谦虚、平和，体现的是生命之间的相互尊重，是与人为善、心平气和、虚怀若谷的姿态，只有尊重别人的人才能获得别人的尊重。**而高高在上、盛气凌人的态度，则会关闭交流的大门。

很多家长之所以走不进孩子的内心，就是因为家长们虽然与孩子有交流，但常常是一种不平等状态下的交流。比如，有的家长看到孩子的成绩就破口大骂："你这是猪脑子吗？就考这么点分！"有的孩子准备展示一下自己在某方面刚刚学到的技能，结果家长来一句："你这都是些啥乱七八糟的呀！"还有的孩子感冒了得到的不是父母的安慰，而是一句恶狠狠的埋怨话："叫你昨天多穿点你不听，难受了活该！"或者父母经常粗暴地打断孩子的话……面对诸如此类的沟通方式，孩子自然就会在家长面前关上心门，甚至筑起"高墙"形成隔阂。不要忘了，"先去私心，而后可以治公事；先平己见，而后可以听人言"。

3. 耐心、专注

好的聆听，并不是被动的行为，它需要聆听者付出努力、全神贯注并做出回应。**只有专注地聆听才能明白别人在说什么，而心不在焉则会适得其反。**

> 乔·吉拉德被誉为当今世界上最伟大的推销员。在回忆往事时，他常常念叨这样一件令其终生难忘的故事。
>
> 在一次推销中，乔·吉拉德与客户洽谈顺利，正当马上就要签约成交时，对方却突然变了卦。眼看着到嘴边的鸭子飞走了，当天晚上，乔·吉拉德便按照顾客留下的地址去求教客户改变主意的原因。
>
> 客户见他满脸真诚，就实话实话了："你的失败是由于你没有自始至终听我讲话。就在我准备签约时，我提到我的儿子即将上大学，而且还提到了他的运动成绩和他将来的抱负。我是以他为荣的，但是你当时却没有任何反应，而且还转头用手机和别人讲话，我一恼火，就改变了主意！"
>
> 此番话郑重地提醒了乔·吉拉德，使他领悟到耐心、专注地聆听的重要性。他认识到，如果不能自始至终耐心、专注地聆听对方讲话的内容，不能认可客户的心理感受，则有可能失去客户。

所以，正确的聆听态度是聆听的第一要素。如果有了正确的聆听态度，在生活中又该如何提高聆听的能力、提高聆听的质量呢？

聆听的步骤

我们可以通过一个英文单词 caress 来概括聆听的技能。这虽然不是我原创的，但我学习到的这个技能真的很有价值，这里分享给大家。

caress 这个英文单词的意思是"爱抚"。其实，**积极、认真地聆听对方，在某种程度上就是在"爱抚"对方的心灵。**要知道，只有先成为好的聆听者才有可能成为好的业务员、了不起的上司、难得的朋友或者优秀的父母。

caress 中的每个字母代表了积极聆听的一个步骤。

1. c 即 concentrate，意为"专注"

其实这一点也是在表达首先要有正确的聆听态度，而什么是正确的聆听态度以及耐心、专注的重要性已经在前面做了详细阐述，这里就不再重复了。

2. a 即 acknowledge，意为"确认"

很多人家里常常有这样的情况：丈夫明明坐在那里一声没吭、很耐心地在听女主人或孩子说话，但是没两分钟女主人或孩子就会跳起来大声怒吼："你有听我说话吗？你有在听吗？"丈夫肯定会觉得很委屈。为什么会这样？因为没有对他们的倾诉予以回应或者没有对聆听到的内容进行确认。

聆听确认就是通过一些象声词如"哦""啊"或者点头、表情等举动让对方知道你在认真地听。这种沟通过程中的不断确认会让对方感到放松，对方会觉得你是真正在理解和尊重他，也就更有助于对方表达自己的真实思想，也更有助于与对方建立信赖关系。

3. r 即 respond，意为"反应"

也有很多人跟我讲："百加老师，我按照您说的做了反应，比如回应'嗯''哦'之类的，但是他们又说我是在敷衍！我真的很委屈。"为什么会这样？因为我们除了要对对方的倾诉予以回应和确认你在聆听之外，还需要对对方说的内容予以反应，不然对方怎么知道你听懂了他在说什么？

所以，**在沟通过程中，还需要通过反馈信息、提问等方式来保证聆听是一个沟通的过程，过程中是有互动的。** 比如你可以重复对方说过的话，或者提问"你的意思是……""然后呢？""结果呢？""后来怎样了？"之类，还可以对对方的话进行总结"你的看法是……"等等。

比如，孩子不小心摔跤了，他自己站起来后说："好痛！我真的很痛！"

这时你可以重复说："我知道你真的很痛！"

这样的简单重复其实只是让孩子知道你听到且懂了他刚才说了什么，让他知道你始终都在关心他。 当然，不是每一句话都需要重复。

记得我在青少年训练营给孩子们做训练的时候，也对这个聆听的技巧做了特别的训练，孩子们活学活用的能力非常强，学完这个技巧之后立刻就用在了我身上。

我说："你们上课一定要认真听！"

他们就重复说："是的，我们上课会认真听的！"

大家哈哈大笑，都很开心，课堂气氛非常好。

4. e 即 emotional control，意为"情感控制"

情感控制在聆听的过程中比较难做到。因为在交谈中，我们时常会对对方的话产生偏见，同时对方也会对自己产生偏见，从而导致对自我的价值观做出错误判断。

我们每个人都有这样的思维倾向：喜欢听自己喜欢的东西，而将自己不喜欢的东西拒于千里之外，甚至还喜欢用第一印象来评判他人。对于自己不喜欢的人，人们往往很难集中精神进行交流，甚至还会用自己的价值观、习惯和行为规范等来评判对方，因此很容易就会因为对方的一句话或一个行动而情绪失控，导致错误地理解对方的语言或行为。

遇到这种情况，我们要极力控制自己的情绪，保持冷静的头脑，重新调整自己的心态和思维，客观、积极、主动地接收对方想要表达的信息，尝试理解对方内心的感受，并且把这种感受说出来。

比如，孩子说："我这次没考好！"这个时候你一定很窝火，但是把孩子训斥一顿，让孩子从此厌学是你想要的结果吗？

显然，这个时候你需要调整情绪，首先回应孩子："我知道你很难过！"然后，孩子才可能与你一起分析这次没考好的原因，你才能与孩子一起找到下次可以考好的方法并帮助孩子做好，这样孩子才会有进步。

5. s 即 sense，意为"感觉"

有时候说亦是听，听亦是说，但会说的人不一定会听，而会听的人则一定会说。或许说话的最高境界就是无语，而沟通的最佳办法就是聆听。

在交谈中，常常会有一些话或者一些时候，对方并不能通过语言表达出来他要表达的意思，那就需要通过面部表情、眼神、语气等这些非语言信号去观察和体会对方没有说出来的意思。

比如，你看到孩子跌倒了，或者没有看到他跌倒但是你看到他眼里含泪，就算孩子没有喊疼或者什么话也没说，我们都需要抱抱他说："我知道你很疼！你没哭，你很勇敢；如果你哭了，也是勇敢的！"这样孩子才会明白永远不需要在你面前伪装自己很强大。

6. s 即 structure，意为"结构"

在真正了解对方想要表达的信息、清楚对方的意图之后，就要考虑以什么方式更有效地表达自己的意思。比如，用怎样的顺序、逻辑来组织语言才能让对方更容易理解你的意思，或者用怎样的逻辑表达才更具有说服力，以及怎样才能更有效地反馈对方需要的信息等。

总　结

人有一张嘴巴、两个耳朵，

就是让人多听少说，

可是人们常常是多说、不听或者是少听。

其实所有的知识是听回来的，

然后用眼睛去认清并理解，

你听了就接纳了，你听了对方就感觉到你的爱了。

只愿意说而不愿意听，是贪婪的形式之一。

学会倾听是我们人生的必修课；

学会倾听，我们才能去伪存真；

学会倾听，我们才能给人留下虚怀若谷的印象；

学会倾听，有益的知识才会盛满智慧的储藏室。

聆听和任何一种技能一样，需要不断地练习，并在日常生活和工作中不断运用。不用怀疑，优秀的聆听技能是每个优秀的父母必须掌握的，也是个人竞争力不可或缺的组成部分。

认真聆听别人的倾诉，虽是细枝末节，却体现了一个人谦逊的品格，展现了一个人的素质。让我们的亲子关系、人际关系从聆听开始建设，让我们通过反复的练习成为聆听高手！

第二章

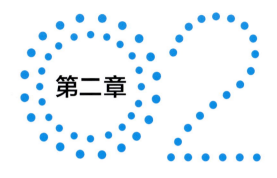

沟通
——能产生有效结果的沟通才算沟通

假如人际沟通能力也是同糖或咖啡一样的商品的话，我愿意付出比太阳底下任何东西都珍贵的价格购买这种能力。

——洛克菲勒

沟通是充分利用语言的价值

常常有人跟我讲:"百加老师,我其实挺能说也挺善于说话的,我一直都觉得我的沟通能力还可以,大大咧咧,有什么就说什么,大家也都挺喜欢我的,可是真到升职加薪的时候却轮不到我……为什么?!"

还有的家长跟我讲:"百加老师,我自认为是一个很会沟通的人,可是为什么我的孩子却这么内向,一开口说话就让我着急!"

那么,到底什么是沟通呢?

几十万年前,世界上是没有语言的,那时的人类靠什么来表达自己的意愿呢?靠的是手语,人类最初就是采用这种简单的办法沟通的。语言出现之后,人类在很多方面都有了极大的发展。原先以部落方式定居的人类,在语言的推动下,发展成了一个个城邦,进而形成了不同的民族、国家,且延续至今。

语言出现后,人类开始用语言来描述自己所见所闻的惊、喜、忧、伤、怒,向对方倾诉自己的感情等。之后,语言的表达方式越来越多,有书写、辩论等。有人说过:"语言是世界上最美的七彩花。"人们通过语言来沟通,沟通能够让人情绪愉快,同时也能够让人情绪低落。

语言可以走进并改变人们的内心。我们每个人都需要和他

人沟通、交流来抒发情绪，世界也正是在沟通中不断前进，在沟通中获得发展的。

人与人沟通时，总会有很多的矛盾，这些矛盾的产生常常就是因为沟通出了问题。

有一句话说得好："青春期的孩子是叛逆的，更年期的家长是火爆的。"以前就有不少小学员跟我讲："我和我爸妈是仇人，在一起就吵架，我们之间有代沟，他们不乐意见我，我还不待见他们呢，正好乐得其所。"每个人在青春期都曾有过这样的烦恼，尤其是我。

> 有一次月假我放学回家，心想着再过几天就是妈妈的生日了，寻思着买个礼物送给她，于是拉着同学去逛商店。商店里的商品琳琅满目，看得我们眼花缭乱，不知选哪件好。等给妈妈买完礼物时，天色已暗，便匆匆回家。我一路急赶，气喘吁吁地一推门，就看见爸妈焦急地在屋里踱步。我刚想解释，爸妈的脸已经完全暗了下来，灯光映着他们铁青的脸。"你还知道回来，这么晚才回家，外面遇到坏人怎样办？你看你的衣服多脏，你看看……"等他们絮絮叨叨发表完长篇大论后，我委屈地走进了我的房间，哇哇大哭起来，泪流到嘴里，又涩又苦。然后，我便昏昏沉沉一觉睡到了天亮，醒来时，身上已经盖好了被子。我又瞥见床头柜上放着一个纸条和一袋面包，纸条上写着："你已经长大了，以后要早点回家，不要再让爸妈担心了！"
>
> 寥寥数字轻飘飘地、缓缓地飞到空中连接成了一座桥，

> 心像是被什么触动了一样,我的眼睛湿润了!我为对爸妈的莽撞而感到悔恨,为误解了爸妈的苦心而感到内疚。

沟通就像是一个神奇的转换器,可以把代沟转换成亲情。

所以,沟通绝不只是一个简单的我说你听或者你说我听的过程,它是传递信息、交换思想的活动。沟通的方法有很多,例如语言交流、视觉交流、文字交流和身体语言交流等。沟通在人类的日常生活中发挥着重要的作用,有的人认为它是人类存在的基础。

有人曾问:"如果世间没有了沟通该怎么办?"

问得好,没有沟通,人们可能会出现精神问题。这个问题能够从20世纪50年代的日本找到答案。

第二次世界大战后,日本是世界上经济发展最快的国家之一,很多日本人每一天都奋战在自己的工作岗位上。所以,有人给日本人取了一个"工作狂"的雅号。虽然他们的工作精神可嘉,但是,日本人在工作之余却没有和其他人沟通的时间,最终造成了日本是世界上患精神疾病的人最多的国家。可见沟通是多么重要!

一方面,正是因为有了沟通,信息才得以传递,从而让我们了解遥远地方的消息。通过与人交流,人们发出信息、获取信息,并了解周围发生的事情,信息的重要性是众所周知的。另一方面,通过沟通交流,人们的人际关系得以建立,人们相互联结在一起。我们共同生活在一个社会群体中,这就使得人际关系显得尤为重要。只有有效的沟通、交流,才能建立和维系良好的人际关系。此外，沟通能消除误会、增进感情。我们与人产生误会时，及时沟通是解决问题的唯一行之有效的办法。

世界上没有两片相同的树叶

沟通说起来简单，真正使沟通产生良好效果是有难度的，不然世界上也就没有那么多误会和隔阂了。很多人认为两个人沟通就是两个人在说话，实则不然，实际上是六个人在沟通，哪六个人呢？

这六个人分别是：真正的我、我以为的我、我以为的你、真正的你、你以为的你、你以为的我。所以，实际上两个人的沟通是在这六个层面上进行的。

因此，现实的情况常常是：我以为我说得很清楚了（但真正的我是不是讲清楚了？不一定）；我以为你听得很清楚了（但真正的你听得怎样？我判断的未必准确）；真正的你认为我根本没有讲清楚（但你有没有跟我重复确认我说的意思呢？）；你以为的你听清楚了（但真正的你到底又听到了什么？）。

看起来像一个深奥的哲学命题，下面举个例子说明吧。

> 有个公主，她病了好久。后来她跟国王说："要是有了月亮，我的病就好了！"
>
> 国王很心疼公主，于是就把大臣们找过来商量。
>
> 总理大臣说："月亮在 35 305 000 公里之外，比公主的房间还要大，而且是一面大镜子。"

魔法师说:"月亮在15万里之外,是用牛奶做的,它比皇宫还要大两倍。"

另一位大臣又说:"月亮很远,距离我们大约30万公里,它又圆又平,不仅比皇宫大,甚至比我们的国家还要大。我们怎么能够把月亮给公主呢?"

国王听了既伤心又忧郁,就找了一个宫廷小丑来给自己弹琴、唱歌解闷。小丑知道国王难过的原因之后就说:"其实这些大臣、法师们也没错,因为他们心中的月亮就是那样子的。可是您知道公主心目中的月亮是什么样的吗?"

国王一听,心想:"对呀,我为什么不直接去问问公主呢?"于是他就和小丑一起去找公主问个清楚。公主说:"我心中的月亮跟我的大拇指一样大!它不大、不远也不重,可以挂在树梢,像金子做的一样,会发光。"

国王明白了,就用金子给公主做了一条项链,项链上有一个别致的月亮形状的吊坠。公主带上这个项链之后非常高兴,没多久,她的病就好了。

从这个故事可以看出,每个人理解的月亮其实都是不一样的:总理大臣心中的月亮是一个样子,魔法师心中的月亮是另一个样子,真正的月亮当然又是另外一个样子,而公主想要的月亮只不过是她所描述的那个样子而已。所以,最好的解决办法就是直接去问公主心中月亮的样子。

我们在日常生活中与人沟通、与孩子沟通的时候,不也是这个道理吗?

良好的情绪是沟通的先决条件

> 狮子和老虎之间爆发了一场激烈的冲突,到最后,两败俱伤。
>
> 狮子快要断气时,对老虎说:"如果不是你非要抢我的地盘,我们也不会弄成现在这样。"
>
> 老虎吃惊地说:"我从未想过要抢你的地盘,我一直以为是你要侵略我!"

从以上对话可以看出,在愤怒的且自以为是的情绪驱使下,一般很难控制住情绪进行真诚的沟通。**有人认为,两个人的沟通中,70% 是情绪,30% 是内容。情绪不对,内容就会被扭曲,甚至被忽略。所以,良好的情绪和氛围也是沟通中不可或缺的。**

纵有一肚子的情愫,没有良好的情绪,说得再多也只是发泄。即便心里想着沟通,语调却阴阳怪气,表现出的就不知道是沟通还是挑衅。嘴上喊着沟通,脾气却比谁都大,旁人就不知道是沟通还是吵架。

> 一个人说:"我跟你没法沟通!"
>
> 另一个人气呼呼地道:"你不可理喻,性子那么倔强!"
>
> 对方也毫不示弱地说:"哼!懒得跟你说!"
>
> 然后两个人都摔门而去,不欢而散。

这样的场景是不是很常见?有时候发生在你和好朋友之

间,有时候发生在夫妻之间,有时候发生在父母和孩子之间,越是亲近、重要的人之间越容易出现这样的场景。

心理学研究发现,在沟通中,身体语言对沟通效果的影响占 55%,讲话方式(音调、音量、音高等)对沟通效果的影响占 38%,实际所说的内容对沟通效果的影响只占 7%。由此可见非语言信息的重要性。

身体语言等非语言信息,在沟通中呈现出来的就是说话时带给对方的温度和感受。同样一句话,有的人说出来让人感觉很舒服,很有亲和力,而有的人说出来就很生硬,甚至让对方感觉很难受。

在做心理咨询时,有人很不解地问:"为什么我明明想和对方好好沟通,却每次都会不欢而散?我自己也没说什么过激的话啊。"其实,通过观察就会发现,问题不是出在他们说话的内容上,而是出在他们的说话方式上,他们说话时所呈现出来的感觉太容易引起别人的误解了。进一步说,沟通效果的好与坏,除了和沟通当时的身体语言等非语言信息有关,还和两个人之间的关系有重要的关联。

心理学家认为,沟通包含了两个维度:内容维度与关系维度。内容维度指的是沟通时的说话内容,比如双方谈到的事情发生经过等,也就是我们刚才说的语言信息。而沟通中除了这些明确的内容,还包含了关系维度,它传递的是沟通双方所处的位置和双方的关系,比如你喜欢对方还是讨厌对方,你和对方是平等关系还是不平等关系等。

比如,当你听到"《头号玩家》这部电影很好看"这句话时,如果说这句话的人是你的好朋友,你可能就会觉得它可能真的很好看,于是想去看;如果说这句话的人是这部电影的宣传人员,那么你就不那么容易相信了。

又如,很多父母发现,在和孩子沟通时不那么顺畅,尤其是与青春期的孩子沟通,很多时候孩子根本不听自己说的内容,哪怕是为了孩子好。造成这种情况的原因同样不在于说话的内容,而是孩子从内心觉得,自己在和父母沟通的时候,两者不是一种平等的关系,而是一种教育与被教育的关系。一旦头脑中有了这样的认知,即使父母说得再对,其沟通效果也会大打折扣。

沟通的三个要点

(1)沟通的焦点不是讲道理,而是看效果。

有一个孩子的爸爸曾经向我求助,他的孩子15岁,正上初三,在校外补习英语,去了两次就说不想再去上了,除非换英语老师。

这位爸爸想不明白,家长们都听过这个英语老师的试听课,大家一致反映老师很优秀,无论口语还是语法,都讲得很好。于是就自以为是地认为孩子是因为自己不肯学或者遇到困难退缩了,便跟孩子讲了一通大道理。比如,学好英语的重要性、尊重老师是每个孩子必须要做到的,等等。结果孩子很反感,还跟他赌气,两个人两天没说话。

后来那位爸爸向我求助，我问他："你知道孩子不肯去补习英语的真正原因吗？"孩子爸爸说不知道，我就教这位爸爸去跟孩子心平气和地沟通，以聆听为主。果然，孩子不想继续补习英语是有原因的，而且与英语老师有直接的关系。孩子说："那个英语老师在骂我的同学的时候，竟然爆粗口。老师是为人师表的，我感觉这个老师的素质太低了！"

后来，我们一起帮助这个孩子去解决这个问题，我们的方法是让这个孩子自己想办法去跟英语老师做沟通。

这个孩子准备了一盒巧克力，并在盒子里放了一张纸条，亲笔写了这么两句话："老师，请您以后批评我们的时候，不要爆粗口！这样我们才会更喜欢您！"孩子把这个礼物送给了老师。英语老师收到礼物之后，很真诚地给这个孩子道了歉，并感谢他的提醒，保证自己下次一定不这样了！

从以上内容可以看出，关注效果的沟通就是这么神奇，最后每个人都很舒服，还都会取得进步。

(2) 沟通重要的不是自己说了什么，而是对方听到了什么。

我们在第一章里讲到"聆听，是沟通的开始"，因此聆听其实是沟通的一部分。沟通时，除了需要主动聆听，还要关注对方是否听得准确。不能你说你的，对方听对方的，或者反正我说了，听是你的事……如果这样沟通的话，就会像给公主找月亮的大臣们一样，大臣们弄不来月亮，公主也得不到她想要的月亮。**只有听的人真正明白了说的人说的真正内容，才叫有效的沟通。**因为只有真正理解了说话人说的话，才能做出正确的回应或行动。

有一个小学员曾经跟我们分享过她写的一篇日记：

> "你这次怎么考得这么差，你要好好想想自身的原因。"说完，那个美丽的语文老师便转过头批改作业了。
>
> 我只好站在那儿，呆呆地望着脚底下的方砖，心里像是打翻了五味瓶一样，无助的我顿时迷失了方向。
>
> 过了一会儿，她似乎很累，只是注视着我不说话，我的头更低了。良久，她突然一字一句地说道："我从不认为你只有这个水平！"
>
> 老师的话语像一股清泉滋润我的心田，让我不再自卑、不再拘束，打开了话匣子跟老师说起了自己的目标。我的内心充满了勇气，我的信心仿佛给了我翅膀，我迫不及待地想飞向蓝天，与老师建立起沟通的桥梁。
>
> 往后的日子，我跟老师的相处也越来越融洽，我的六年小学生活已经过去了，我偶尔还是会想起那个老师。沟通真是一颗很神奇的果子，让生活中到处充满了甜蜜的味道。

的确，好的沟通就如一阵和风细雨，会温暖我们的心田；就如一杯醇香的热茶，能赶走严寒酷暑；也如一缕灿烂的阳光，让世界充满爱，在心与心之间搭建起一座不朽的桥梁。

(3) 沟通是要对说过的话或为对方听到的话负百分之百的责任。

因为说话本身不是目的，达成结果才是目的。所以，**说话的人要为说的话最终需要达成的结果或者为对方听到之后要达成的效果，负百分之百的责任。**《扁鹊见蔡桓公》的故事很多人应该都耳熟能详,这其实就是一个典型的沟通不到位的案例。

> 春秋战国时期,有一位著名的医生叫扁鹊。
>
> 有一次,扁鹊遇见了蔡桓公,他看了看蔡桓公的脸色,然后说:"国君,您的皮肤显示您有病,不治怕是会加重!"蔡桓公笑答:"我没有任何病。"等扁鹊告辞之后,蔡桓公对臣相们说:"医生就喜欢给没病的人治病,以便显示自己有本事。"
>
> 过了十几天,扁鹊又来拜见蔡桓公,看了看蔡桓公的脸色之后又说:"国君,您的病已经到了皮肉之间,不治真的就更重了。"蔡桓公觉得他尽说些不着边际的话,很生气,没有理扁鹊。
>
> 又过了十多天,扁鹊又来朝见蔡桓公,并神色凝重地说:"国君,您的病已入肠胃,再不治就危险了!"蔡桓公气得叫人把他给轰走了。
>
> 又再过了十几天,蔡桓公出宫巡视。扁鹊远远地望见了蔡桓公,转身就走。蔡桓公很奇怪,就差人去追问。扁鹊叹息说:"皮肤上的病,用药物敷贴就可以治好;皮肉之间的病,用针灸可以治好;病在肠胃之间,服用汤药可以治好;但是若病入骨髓,那么生命就掌握在司命之神的手里了!医生是无能为力的。如今国君的病已深入骨髓,所以我就不敢去见他了。"
>
> 蔡桓公听了仍不相信。五天之后,蔡桓公浑身疼痛,连忙派人去请扁鹊,但扁鹊已经逃往秦国躲起来了。不久,蔡桓公就病死了。

过去，我们对这个故事的理解基本都集中在蔡桓公讳疾忌医、不肯听劝的角度。但是，换个角度看一下，扁鹊对蔡桓公的死也是负有责任的。试想一下，扁鹊作为一位医者，在与患者蔡桓公沟通病情的时候并没有做到有效沟通。四次相见，四轮沟通，都以失败而告终，这样的教训是值得我们思考的。今天，每个行业的工作者都需要提升自己与客户沟通的能力。因为每个人都有自己在不同角色上的责任，我们都需要对自己说过的话或者为别人从我们嘴里听到的内容最后产生的结果负百分之百的责任，也只有这样，才算沟通到位。

记住：**当你说话的时候，重要的不是你说了什么，而是对方听到了什么，并且你还要为你说的内容会达成的结果负百分之百的责任。**当你明白这一点的时候，你和孩子的沟通才会真正支持到孩子，和朋友、家人才能真正融洽地相处，和上下级之间的沟通才会高效地达到预期的目标。最后再给各位讲一个小故事，或许能对你与孩子的沟通和交流有所启发。

> 一个妈妈正在厨房洗碗，听到小孩玩耍的声音，于是大声问他："你在干吗？"
>
> 小孩答道："我要跳到月球上！"
>
> 妈妈并没有泼冷水地冲孩子说"小孩子不要胡说"之类的话，而是微笑着说："好，但是不要忘记回来喔！"
>
> 这个小孩就是阿姆斯特朗，后来他成为第一位造访月球的地球人。

第三章

爱

——爱就是爱，不需要用条件来换

没有父母的爱培养出来的人，往往是有缺陷的人。

——马卡连柯

为什么孩子不确定父母真的爱自己

在我的青少年训练营里,我常常问孩子们:"你的妈妈爱你吗?你的爸爸爱你吗?"大多数人给我的回答是不确定的:"爱吧,应该是爱的吧!"

我也在我的课堂上问过很多父母:"你爱你的孩子吗?"

他们都会毫不犹豫地回答:"爱!"

我继续问:"爱到什么程度?"

他们的回答也几乎一致:"我可以把命给他!如果子弹来了,我会为孩子挡子弹!"

我继续问家长:"你的孩子认为你爱他吗?"

这时,他们都会露出困惑的表情,并回答道:"为了孩子,我能想的都想了,能做的都做了,可是孩子却不领情,亲子关系还是很不好。我也不知道为什么……"

更关键的是,那些不笃定父母很爱自己的孩子内心是没有力量的,他们会由此不认可自己、不相信自己,并因此会不够勇敢,且常常不快乐。这从某种程度上会造就孩子不自信、怯懦的性格,对孩子的未来会有摧毁性的影响。

是啊,为什么?为什么同样是来自父母毫无保留的爱,有的爱能让孩子获得幸福感,促进孩子成长,有的爱却让孩子感到痛苦,令孩子反感呢?

反观那些让孩子痛苦、反感的家长与孩子相处的模式,就能找出原因。

比如，有的父母总是用挑剔的眼光看孩子，觉得自己的孩子不如别人家的孩子好，然后唠叨孩子做什么都不行，结果孩子就真的不行了。

比如，有的父母认为孩子就应该是一个接受爱的大口袋，却不给孩子爱他人的机会。结果孩子不仅感觉不到爱，反而认为这一切都是应该的，觉得父母生了自己就理所应当爱自己，于是变得自私、冷漠。

比如，有的父母把孩子看成自己的私有财产，想打就打，想骂就骂，还认为"打是疼，骂是爱，不打不骂不成才"，结果把孩子的心打伤了，把与孩子的关系骂远了，隔阂产生了。

比如，有的父母总是不断为自己不正确的爱披上"华丽"的外衣——"我都是为了你好，你不可以说不"。结果孩子的心备受压抑，窒息到随时想爆发。

……

其实，父母对孩子无条件的爱才是孩子成长中最大的礼物，也是父母修行自己的一个方向。那么，什么是无条件的爱呢？

无条件的爱就是无论孩子怎样，父母都会爱他且永远爱他，不附带任何条件。"我爱你，无论你是否满足了我的要求，无论你做得怎么样，我都爱你这个人，爱你原本的样子；不是因为你可爱、你做得好我才爱你，只是因为你是我的孩子我就爱你，你不需要担心自己因为做错了什么或者哪些方面没做好，这份爱就少了甚至没有了……"

有条件的爱摧毁孩子于无形

有很多父母对孩子的爱不仅是有条件的，甚至是要求有回报的。我曾经处理过这样一个个案：

> 一个母亲，为了让孩子能够上大学，先是放弃了自己心爱的事业，然后慢慢几乎放弃了自己的所有。离婚后，更是对孩子加倍"爱护"，整个人生都以孩子能够考上大学为荣耀。每天陪着孩子，为孩子做自己所能做的一切。结果，孩子在成长过程中，一方面看到母亲为自己付出的辛苦，另一方面又感到这样的爱使自己失去了自由。因为生活上得到了母亲无微不至的关怀，脑子里除了考上大学之外几乎不敢有任何杂念，精神压力很大。后来他虽然在压抑的情绪下努力考上了大学，但在接到录取通知书之后，却选择了服用安眠药。幸亏发现及时，一条命才被抢救了回来。
>
> 母亲与孩子一起来找我的时候，我让母亲在一旁观察孩子释放情绪，当她看到孩子身体颤抖地大声喊"你不要这样对待我，我不想这样生活"的时候，才发现自己这么多年来给予孩子的爱错得那么离谱：为了让孩子安心学习，不让他出门与其他同学交往；为了让孩子能有更多的时间复习功课，从不让他做家务并满足孩子的一切物质要求……

显然，这是一份沉重的、要求有回报的爱，是一份让孩子无法承受其重的爱。

生活中，我们常常听到这样的训话："你不听话，爸爸就不喜欢你了""你再不走，我就不要你了""你再这样，妈妈就不爱你了"……我们总认为这是管教孩子的一种方法，但实际上这些话会给孩子一种强烈又不好的暗示：只有达到父母的要求才会被爱！长此以往，孩子会在潜意识里形成诸如此类的思维定式：

- 考试只能考好，不能考差，否则父母就不爱我了！
- 在学校只能获得老师的表扬和嘉许，如果被老师投诉或批评了，父母就不爱我了！
- 只能让别人在父母面前夸奖我，不能让别人在父母面前说我不好，否则父母就不爱我了！

……

为了避免在父母的面前犯错或呈现负面的形象，孩子开始撒谎，甚至会当着父母一套背着父母一套。因为他认为只有让父母看到自己最好的一面，父母才会爱他，于是有的孩子学会了偷改试卷的分数，有的孩子学会了把过错嫁祸给别人，有的孩子学会了假装听话……

之所以会这样，其实是因为父母那些有条件的爱让孩子的内心逐渐失去了安全感。孩子的内心时常是恐惧的，因为他一直担心会失去这份爱。我记得曾经有一个母亲给我讲了一件让她很无奈的事情：

> 有段时间，我的女儿非常想要一台电脑。为了激励她努力学习，于是我跟她说："如果你这学期能考到前三名，我就给你买一台电脑！"
>
> 后来，孩子果然考到了前三名，我也很高兴地给孩子买了电脑。可是第二学期考试时，她的成绩不仅没有进前三名，还下降得特别多！
>
> 我觉得很痛苦，感觉像被女儿欺骗了，而且发现从那时起，我们的关系好像也疏远了。跟她沟通的时候，她常常带着防备，每次我提什么要求的时候，她也会提一个要求进行条件交换。我们的关系变得好像是在做交易，可我明明时时刻刻都是爱她的。

这位母亲的错误就是她用一句简单的话让孩子认为这台电脑不是母亲给予自己的爱，而是她自己用学习成绩挣来的。其实女儿只是需要一台电脑，也许还有助于她的学习，没必要与她的学习成绩扯上关系。长期用这样的方式和孩子沟通，孩子慢慢就会认为任何事情都可以去交换，而不懂得爱。当孩子感觉自己得不到父母的爱的时候，也就没有能力去爱身边的人。这也是为什么父母给孩子付出了很多，可是孩子并不能感受到父母的爱的根本原因。

用无条件的爱给孩子安全感和战胜错误或失败的勇气

很多家长向我求助的时候，往往一开口说的都是孩子犯过的错误让自己多伤心、多难过，但是我们要明白：**恰恰是孩子犯错的时候，才最能让孩子感受到父母的爱是无条件的。**

孩子们曾经在课堂中分享父母的爱带给自己的感受，我发现他们所谈的其实并不是父母带他们去哪里旅游、满足他们的某一个要求，也不是父母送了他们一个什么礼物之后才感觉父母很爱他们，反而是一些与物质、奖励无关的某些让他们感觉温暖的片刻。比如，有一个女生说：

> 有一次考试我考砸了，因为以前也有过考砸被妈妈骂的经历，所以这一次考砸了很担心又会挨骂。可是回家之后，妈妈对我说："没关系，你这次考砸了没关系，好好学，你是完全可以学得好的，你努力把它补起来！"这一次妈妈没有责备我反而鼓励了我，那一刻我非常感动，觉得妈妈其实是很爱我的，于是我开始反省自己在学习中的不足，并告诉自己一定要好好学习，下次一定要考好。

还有一个男生分享了他在学校打架之后的经历：

> 我当时真的打了对方，且对方伤得比较严重，班主任把我们双方的父母都叫到了学校。爸爸去学校了解情况之后，给对方道歉、赔礼，并没有说其他。我以为回家之后他一定会对我拳脚相加，但是爸爸回家之后，只是默默地坐在那里，并没有对我大发雷霆。我看着默默坐在那里的爸爸，感觉到了爸爸的痛苦，也感觉到爸爸是爱我的，当时我很感动。

一个人在什么情况下可以感受到爱呢？第一种情况是有人

进入了他的内心世界,并且理解了他;第二种情况是当一个人孤单、痛苦、绝望的时候,有人给予他帮助与支持。**很多时候,想要孩子感受到父母的爱,恰恰就需要在孩子犯错或者遇到挫折、失败的时候,走进他的内心,理解他,并给予他支持与帮助。**

我再来举一个我家孩子的例子:

> 我家孩子在上初中的时候,有一天老师给我打电话说他在学校喝酒,把班上的人都喝倒了,而且还很自豪,号称自己是"中华酒神",已经不是一两次这样了!
>
> 我一听,头一秒感觉五雷轰顶,觉得心痛,又担心不已。但下一秒我就冷静下来,告诉自己:"孩子犯错了,需要我帮助他改正!"
>
> 于是我把孩子接回来,我们做了一次深度交流。我没有去批评他,没有说"你这样让我很伤心或者你这样下去很危险"之类的话,只是问了一句:"你为什么会想喝酒,还想当'中华酒神'?"
>
> 他说:"我觉得喝酒可以代表一个男人的气度!"这个回答让我很意外。他接着说:"你看电影和武侠小说里面那些英雄豪杰,他们都是大碗喝酒的。他们不仅酒量好,还豪爽、侠义,我也想成为那样的人。"
>
> 这时我才明白,原来他不是喜欢上了喝酒,他只是想成为一个有气度的、像英雄豪杰一样的男人,他以为会喝酒是成为这种人必须学会的技能之一。而老师不理解他、批评他,

他其实是感到孤单且痛苦的。于是我跟他说:"首先,即便你在不该学会喝酒的年纪学着喝酒了,妈妈也依然爱你。其次,你想成为一个英雄式的人物,这很好,说明你有理想、志向远大。但是儿子,英雄不只有一种。比如你喜欢的NBA的球员们,无论他们是不是出名的巨星,他们在球场团结一致,打出成绩,他们也是英雄豪杰;那些努力学习、反复实验的国家科研人员,为国家研制出了一代又一代的新型通信卫星、交通设备、新型材料等,他们让人们的生活更便利、让国家更强大,他们也是这个时代的大英雄。或许喝酒是那个时代侠客的特点之一,但他们真正成为侠客凭借的是他们花了十几年甚至几十年练就的本领,而不完全凭借其酒量。如今的时代,真正的英雄豪杰是能为社会做贡献的人,而不是一个只会喝酒的人。一个只会喝酒的人其实是不能成为英雄豪杰的,只能被称为'酒鬼'。我支持你成为英雄豪杰,但可能你需要选择其他的方式。"然后,我给了他一个微笑和拥抱。

从那以后,孩子自动戒了酒,并爱上了打篮球。

当孩子犯错或是感到孤单无助的时候,让孩子感受到无条件的爱与支持,假以时日,就会还你一个健康、开朗的好孩子!

看到这里,很多家长可能都要问了,平常我们需要做哪些练习才能学会正确地表达爱或者让孩子感受到父母是无条件爱他的呢?下面来看正确表达爱的方法。

正确表达爱的方法

1. 用爱的目光注视孩子

爱的目光是孩子成长的营养源。与孩子交流时,目光往往胜过语言。

93岁高龄的日本儿科医生内藤寿七郎先生,也是一位著名的教育家。他认为哪怕只是才两岁的孩子,只要他明白了道理,就能控制自己。于是他提出了一个响亮的口号:"爱的目光足够吗?"这个口号提出至今已经过去半个多世纪了,现在仍然十分有价值。因为爱的目光可以让父母成为孩子可以信赖的朋友。

人们常说:"眼睛是心灵的窗户。"这扇窗户里可以传递出许许多多的信息,其中最重要的信息就是:我相信你!我爱你!

所以,如果生活中你的孩子开始不再与你目光对视,看到你就目光漂移或者变得沉默寡言了,你就要扪心自问:给孩子爱的目光足够吗?

2. 用爱的微笑面对孩子

对孩子来说,大人的面部表情非常重要。微笑能照亮所有看到它的人,它像透过乌云的阳光,能带给人温暖。

曾经有段时间女儿不止一次地问我:"妈妈,你怎么不对我笑了呀?"开始的时候我没在意,可是后来我逐渐发现,当我每天早晨或是下班回家,都先跟她打招呼并对她微笑,或者跟她说"早上好""你今天好吗",或是叫她"宝贝"的时候,她都是无比开心和快乐的,然后就会很高兴地去做该做的事。仔细想想,一个微笑,其实也不难,我们为何要吝啬呢?

是的,可能是工作的累和烦,可能还有很多其他的烦恼让我们僵硬了表情。但是孩子就是天使,他们稚嫩纯真,我们应该为他们的心灵撑起一片晴朗的天空。这是每个父母都能做到的事情!

孩子都喜欢爱笑的人,我们也喜欢爱笑的孩子。笑,是爱的语言,笑表达了我们内心的感情:"我爱你!我喜欢你!你使我快乐!我很高兴见到你!"从小在微笑中长大的孩子,容易形成乐观、积极的心态。所以作为父母,再忙、再累、再烦,也不要忘了把微笑留给孩子。

3. 用爱的心情聆听孩子

一位著名的心理学家认为,父母让孩子通过语言把所有积极的和消极的感情都表达出来,是送给孩子最好的礼物。我们在本书的第一章就特别讲到了"聆听,是良好沟通的开始",还详细讲解了"聆听孩子"的重要性以及"聆听孩子"的方法和步骤,这里就不再赘述了。总之,**好的父母要学会用爱的心情聆听孩子,这样才能更了解孩子并走进他的内心。**

4. 肯定地说出"我爱你"

中国的家庭对于表达爱都太过于含蓄,大家都好像有点羞于表达"我爱你"。其实,表达爱并不是一件很难的事,如果你说出来了,就会发现,效果会比你想象中要好。这种用语言表达谢意、感恩、爱对方的习惯,不仅有助于亲子关系的建立,而且有助于加深夫妻关系、朋友关系、同事关系、上下级关系等,能让你与他人的相处更融洽。

对孩子，更加要勇于说出"我爱你"三个字，因为孩子对爱的理解更直接。如果孩子犯了错，一定要直接告诉孩子"这件事情并不影响我爱你""即使发生了这样的事我依然爱你"。

5. 用爱的礼物激励孩子

送给孩子礼物，也是向孩子表达爱意最为直接的方式之一，特别是在孩子还小的时候，会很在意父母送给自己的礼物。**因为礼物会让孩子感到幸福和被重视。**

礼物可以小，且不必昂贵，但需要父母认真观察孩子，了解孩子的内心，然后送给孩子一个他内心渴望的礼物。孩子收到礼物后，除了惊喜，还会心怀感恩。当然，如果是在一些特殊的日子（比如孩子生日或儿童节等）就更好了，可以和孩子一起享受生活里的仪式感。

6. 认真地花时间陪伴孩子

你会认真地花时间陪伴孩子吗？你有多久没有好好陪孩子和家人了？

我们常说，"陪伴，是最长情的告白"。陪伴，在快节奏的当下尤其珍贵。比如，原本用于玩手机、打游戏、看电视的时间等，都可以用来和孩子做游戏，帮他研究功课，陪他外出踏青、踢球等，这些都将成为你们一生中最美的回忆。

7. 用爱的行动支持孩子

爱除了用嘴巴说，也需要用实际行动来表达。比如，当学校需要家长陪孩子参加亲子比赛、家长会，孩子想和父母拥有一次愉快的旅行的时候，父母要积极地克服一切困难去参与，不要让孩子感觉自己虽然与父母一起生活但缺失了父母的爱。

若是孩子犯了错，父母也要和孩子一起面对，不要让孩子独自承担错误的后果。要陪着他、理解他、支持他，和他一起越过这道坎儿。从此，你们才会真正成为打不散的一家人，孩子才会觉得父母是无条件地爱他。

8. 用爱的怀抱拥抱孩子

你经常拥抱你的孩子吗？你有多久没有拥抱过他了？**相信我，拥抱是有力量的。**

有一个真实的报道：一对双胞胎婴儿，一个婴儿的身体健康，另一个婴儿的心脏有问题，随时有生命危险，出生不久就被送进了保温箱。就在医生对那个心脏有问题的孩子束手无策的时候，他们决定把两个孩子放在一起试试。两个孩子放在一起之后，健康的孩子不断地靠近那个不健康的孩子，还把手搭在不健康孩子的身上，就像在拥抱这个不健康的孩子一样。过了几天之后，医生通过检查发现，那个被拥抱的孩子恢复了健康！他们把这个拥抱称为"救命的拥抱"。

最后：无条件的爱不等于对孩子没有要求。如果家长为了表达爱、为了让孩子多感受到爱，把自己的爱变成了没有要求、没有标准的爱，那就有可能走向另一个极端——溺爱。

没错，父母爱孩子，不附带任何条件，孩子不需要用好成绩、好表现等来交换，即使犯了错误也依然会被爱。但是教会孩子要不断超越自己，成为更优秀的自己，也是父母的责任。

爱是教育孩子的基础，没有爱就没有资格去谈教育孩子。孩子需要父母无条件的爱，也就是说，无论孩子的情况如何，都爱他们；不管孩子的长相、天资、弱点或缺陷如何，都爱他们；不管父母的期望以及孩子的表现如何，都爱他们！

送给所有父母一句话：孩子需要父母无条件的爱，所有带条件的爱都是一场阴谋。

第四章

目标
——人生就是目标达成的过程

成功就等于目标,其他都是对它的解释。

——博恩崔西

什么是目标？

目标是个人或组织期望达成的结果。当一个人明确了人生目标，便找到了人生的追求，也就是找到了奋斗的方向。如果一个人没有目标，就像一艘轮船在大海上漂荡，它不知道要往哪里去，当风往东吹，便往东走，当风往西吹，便往西走，最终发现永远都是在原地徘徊。人生没有目标，就会变得茫然且没有意义。

树立目标的重要性

从小树立自己的人生目标和人生追求很重要，父母要帮助和培养孩子从小学会自我管理与自我规划。 父母也需要和孩子一起完成树立目标、追求目标、达成目标的过程。

千万别说"我的孩子还小"，孩子越小越需要懂得设定目标并努力达成目标。所谓"三岁看小"，大多数人的一生都是由小时候接收到的信念、养成的习惯、形成的性格等综合因素决定的。绝大多数有一定成就的人，都在小时候受到某些人或信念、习惯的影响。

在美国的一次枪击案中，有一个15岁的少年表现得特别镇静。他从门缝里观察到凶手还隔得比较远的时候，立刻打开后门帮助所有人抓紧时间逃走，争取到了最多的救援时间。你也许跟我一样,会好奇这个孩子为什么如此勇敢、如此镇定。

原来他的军人父亲对他影响极大,他从小就有一个梦想,就是要上西点军校,成为一名优秀的军人。因为根植在心底的这个梦想,他平时很喜欢看相关的书籍,积极锻炼身体,甚至主动参加相关的各类学习与训练。因为有这一系列与目标相关的训练与准备,才使他在关键时刻能够采取正确的行动。

人正因为有了目标,才能向前进而不是向后退;才会保持积极的思想,而不是消极的态度;才会走向充实,而不是走向虚无。树立目标的价值正体现于此。

非洲有一片茂密的原始森林,巴里、麦克里斯、约翰和吉姆四个皮包骨头、有气无力的男子正扛着一只沉重的大箱子,从丛林深处踉踉跄跄地走来。

他们原本是跟着队长马克格夫进入丛林探险的,因为队长答应将会给他们极为优厚的工资。谁知半路上,马克格夫忽然得了一种怪病,并且很快就去世了。去世之前,马克格夫把大伙召集到一块,指着旁边他亲手制作的箱子说:"我要你们向我保证,在走出森林之前,一步也不得离开这只箱子。记住,如果你们把箱子送到我的朋友麦克唐纳教授那里,你们将得到比金子还贵重的东西,这一点我绝对可以向你们保证。现在,请你们发誓做到这一点。"一直等到大家都发誓完毕,马克格夫队长才闭上双眼,溘然而逝。

埋葬了队长之后,四个人便上路了,但丛林的路越来越窄,越来越难走,最后竟然根本找不到路了。四个人的力气也越来越小,看看自己噩梦般的困境,众人的目光均集中在了这只沉重的箱子上,心想如果不是为了它,自己早就一死了之了。

就这样,在这只箱子的支撑下,他们互相监督着,度过了最艰难的时刻。有一天,绿色的屏障突然被拉开了——经过千辛万苦之后,他们终于走出了原始森林!

可是当四个人急匆匆找到麦克唐纳教授时,教授却望着箱子微笑不语,四个人面面相觑,最后不约而同地问起报酬的事。

"报酬你们已经拿到了。"麦克唐纳教授笑着说道。

"什么?这怎么可能?"四个人均大惊,不相信队长马克格夫和眼前温文尔雅的教授会欺骗自己。

"我的确是一无所有啊,"教授把双手一摊说道,然后忽然打开了箱子,"你们不如把箱子里的宝贝拿走。"

"啊?"众人一看箱子,顿时倒吸了一口气,箱子里居然是一块毫无用处的大石头!顿时,四个人都发起怒来,他们无法理解队长为何如此戏弄自己,要知道为了这只箱子,他们曾经历了数次生死大关,原始森林里那堆堆白骨、道道血迹至今犹在眼前。

"我们上当了!"麦克里斯愤怒地嚷道。

"不!"教授立刻否定道,"你们得到了比金子还贵重的东西,那就是生命!"

这个案例告诉我们,有了明确的目标,才会有行动的方向和动力。

你的孩子现在有没有明确的目标？5年、10年之后，你的孩子想让自己成为什么样的人？一辈子很长，他要做一个什么样的人？**如果他还没有目标，请现在就帮助他树立目标；如果他已经有了目标，鼓励他、帮助他千万不要丢了那"一箱石头"，因为他将得到比金子还贵重的东西。**

再给大家分享一个小故事，或许你就能理解为什么有的人优秀，有的人平庸了，差别就在于是否有目标。

> 有个人经过一个建筑工地，问那里的石匠们在干什么，三个石匠有三个不同的回答。
> 第一个石匠回答："我在做养家糊口的事，混口饭吃。"
> 第二个石匠回答："我在做整个国家最出色的石匠工作。"
> 第三个石匠回答："我正在建造一座大教堂。"

三个石匠的回答反映了三个石匠有着三个不同的人生目标：第一个石匠说自己做石匠是为了养家糊口，这是短期目标导向的人，只考虑自己的生理需求，没有大的抱负；第二个石匠说自己做石匠是为了成为全国最出色的匠人，这是职能思维导向的人，做工作时只考虑本职工作，只考虑自己要成为什么样的人，很少考虑组织的要求；而第三个石匠的回答说出了目标的真谛，这是经营思维导向的人，这类人会把自己的工作和组织的目标关联起来，从组织价值的角度看待自己的发展，这样的员工才会获得更大的发展。最后，第三个石匠成了一个管理者，因为他用自己的工作影响组织的绩效，他在做石匠工作的时候看到了自己的工作与最终目标的关系，这种人的想法最难能可贵！

中松义郎的目标一致理论讲的就是这一点，一个人的目标与组织的目标越一致，这个人的潜能就越能得到发挥，就越有发展前途。

1953年，美国哈佛大学对当时的应届毕业生做过一次追踪研究，询问了这些毕业生一个问题——是否对未来有清楚、明确的目标，以及是否有达成目标的计划书，结果只有不到3%的学生做出了肯定的答复。20年后，他们再次访问了当年接受调查的毕业生，结果发现那些有明确目标和计划的学生，不论是事业成就还是愉悦程度都高于其他学生，甚至这部分学生的财富总和，居然大于另外97%的学生所有的财富总和。这就是目标的力量。

目标制定的原则

很多家长跟我讲："我们在家也给孩子定过目标，可就是达不到！"

为什么？你想过原因吗？**首先目标的制定要遵循SMART-W原则。**

1. S(specific，明确性)

目标必须是具体的、明确的，而不是模糊的。

比如，让孩子明确知道通过复习哪个知识点，在这个知识点上提高多少分，做什么样的事情有助于实现这个目标等。

2. M(measurable，可度量性)

目标必须是可以衡量、可以考核的，应该有一组明确的数据,作为衡量是否达成目标的依据。

比如,"把数学学好"就是一个模糊的目标,"比上次提高 10 分"就是一个可以衡量的目标。又如,一个人准备改变自己的身材时,就不能将目标简单地设定为变胖或者变瘦,可以将目标具体化,如每个月增重多少斤或者减重多少斤。具体化的目标,可以让人们在实现目标的过程中不断得到反馈,并且优化方法。

3. A(attainable,可实现性)

目标必须根据客观的情况设置,目标应该是可以实现的,而不是天方夜谭。

设定的目标要高,要有挑战性,但是又要可以实现。在实施达成目标的计划前,尽量不要太多地关注目标的困难程度,否则会严重打击孩子的积极性。比如,如果你的孩子并不擅长快速阅读,把目标设置为两天看完一本书,孩子明显不会接受;即使勉强接受了,也完成不了,还会给孩子的心理造成一定的打击。

4. R(result-based,结果导向性)

目标必须是结果导向的,即一切努力是为了一个结果,而不是为了行动。

比如,就读书这件事来说,"开始读书"是一个行动,而一周读完一本书是结果,实现目标的过程需要关注的是结果,而不能仅关注行动。

5. T(time-based,时间限制)

目标必须有明确的截止期限,明确在什么时间开始,什么时间完成。一个目标只有在一定的时间内达成才有意义。设定的目标要对孩子稍微有点挑战性,但难度不能过高,这个目标的难度需要根据孩子的实际情况而定。比如,两周内复习完一个知识点,两周是一个时间段,具体时间点是2020年12月31日中午12点完成。

6. W(write,书面化)

目标一定要形成书面文字。把目标写到纸上有助于厘清思路,帮助自己明确要做完哪些事情。把目标书面化,不容易遗忘。同时,还可以时时提醒自己目标的完成情况。比如可以让孩子在书房里贴上写有目标的小纸条,每完成一个撕下一张。

我的英语学习目标

我将在30天内完全掌握《新英语900句》,每天我将在早上6:30—7:30练习应该掌握的30句话,达到在3分钟内将当天所学的句子全部脱口说出。

制定人:×××

日期:××××年××月××日

分解目标,把过程变愉悦

还有很多家长跟我诉苦:"我们给孩子制定的目标,最后都中途放弃了！"

为什么？

孩子小的时候，目标感没有那么明确，这需要家长一步步帮他们找到方向。一开始孩子也会尝试着配合，但是在行动的过程中，他发现那并不是一个令他愉悦的过程，而且也不知道这么做的长远价值和意义，特别容易放弃，而且会找到一大堆放弃的理由。

遇到这种情况，不妨分析一下在制定目标的时候是否遵循了前面所讲的 SMART-W 原则。如果都做到了，家长就要分析一下，在制定目标的过程中是否漏掉了让孩子明白目标背后的价值这个环节。找到目标背后的价值，这有助于提高孩子的意愿度。

> 有人曾经做过一个实验：把一群人分成三组，让他们分别向着十公里以外的三个村子步行前进。
>
> 第一组的人不知道村庄的名字，也不知道路程有多远，只知道他们跟着向导走就行了。走到两三公里的时候就有人开始叫苦；走到一半的时候，有人几乎愤怒了，开始抱怨为什么要走这么远，何时才能走到，甚至有一部分人开始坐在路边不愿意再走了……越往后，他们的情绪越低落，掉队的人越多。
>
> 第二组的人知道村庄的名字和路段，但路边没有里程指示牌，他们只能凭借经验估计行程的时间和距离。走到一半的时候，大多数人就想知道他们已经走了多远，比较有经验的人回答说："大概走了一半的路程了！"于是大家又簇拥着向前走。当走到全程四分之三时，大家情绪低落，觉得疲

惫不堪，而路程似乎还很长。但当有人说"快到了"的时候，大家又振作起来，加快了步伐。

第三组的人不仅知道村子的名字、路程，而且公路上每一公里就有一块里程指示牌。人们边走边看里程指示牌，每走完一公里，大家便有一小阵的快乐。行程中，他们还用歌声和笑声消除疲劳，情绪一直很高涨，很快就到达了目的地。

当人们的行动有了明确的目标，并且把自己的行动与目标不断地加以对照，清楚地知道自己的行进速度与目标的差距时，行动的动机就会得到维持和加强，就会自觉地克服一切困难，努力达到目标。

所以目标是需要分解的，毕竟一口吃不成胖子。**大目标都是由一个个的小目标组成，所以帮助孩子制定目标的时候，要有最终目标，比如成为世界冠军，更要有明确的绩效目标，比如在某个时间内成绩提高多少。**

最终目标是引领方向的目标，而绩效目标是具体的、有明确衡量标准的目标，比如，在四个月内使跑步成绩提高1秒。绩效目标可以进一步分解，比如在第一个阶段使跑步成绩提高0.03秒等。

当目标被清晰地分解后，目标的激励作用就显现出来了。实现一个目标的时候，就相当于及时得到了一个正面激励，这对于挑战最终目标有极大的激励作用！

山田本一是日本著名的马拉松运动员。他曾在1984年和1987年的国际马拉松比赛中，两次夺得世界冠军。记者问他为什么能取得如此惊人的成绩,山田本一总是回答:"凭智慧战胜对手!"

大家都知道,马拉松比赛主要是运动员体力和耐力的较量,爆发力、速度和技巧都还在其次。对于山田本一的回答,许多人觉得他是在故弄玄虚。

十年之后,这个谜底被揭开了。

山田本一在他的自传中这样写到:"每次比赛之前,我都要乘车把比赛的路线仔细地看一遍,并把沿途比较醒目的标志画下来,比如第一个标志是银行;第二个标志是一棵古怪的大树;第三个标志是一座高楼……这样一直画到赛程的结束。比赛开始后,我就奋力地向第一个目标冲去,到达第一个目标后,我又以同样的速度向第二个目标冲去。四十多公里的赛程,被我分解成几个小目标,跑起来就轻松多了。如果我开始就把目标定在终点线的旗帜上,结果当我跑到十几公里的时候就疲惫不堪了,因为我被前面那段遥远的路吓到了。"

所以我们要学着帮助孩子对确定的目标进行分阶段细化,建议每达成一个小目标就庆祝孩子获得了阶段性的小胜利,让孩子在逐渐接近目标的过程中体会到各种快乐和成就感。比如,孩子小的时候可以用小红花来兑换奖励,大一点了可以引导他在体会成功的乐趣的同时满足他一个心愿,再大一点可以引导他理解实现目标的价值和自己本身的价值,同时也可以予以其他的奖励或激励。

还有一位家长曾经在课堂上与我们分享：

> 今年孩子进行游泳训练的时候，他的成绩提高很快，为什么？因为他的目标感越来越强了。去年，教他学游泳的时候，他不断地捣乱，这导致他像那个钓不到鱼的小猫一样，做了但没有结果。今年的游泳季节开始了，我就给他定每次的目标、当月的目标，甚至让他展望今年的目标，所以他学习起来自然专心了。一专心，进步就很快。同班学了几年的同学，在比赛中都被他追上并超越了。

这就是确定目标和正确分解目标后带来的变化。

最后，我结合自身的经验，**建议家长帮助孩子养成两个比较有价值的好习惯：一个是锻炼身体的好习惯，另一个就是记日记的好习惯。**

拥有健康体魄的重要性，大家都很清楚。没有健康，其他一切都无从谈起。所以从现在开始，可以带着孩子找到一项他感兴趣且适合他的体育项目，坚持锻炼身体，让他体会拥有健康的快乐和重要性。

记日记也是我个人长期坚持的一个好习惯。这个习惯的好处就是可以记录成长、化解消极情绪，同时还可以锻炼自己的写作水平。回头看的时候，除了可以帮助自己回忆成长的轨迹之外，还可以审视自己成长过程中遇到的挫折，积累经验、总结教训。这是极有助于成长的一个好习惯。

家长们若是把这两个习惯的培养当成自己和孩子的共同目标，假以时日，都会从中体会到乐趣和价值。

第五章

计划
——计划是目标达成的路径

想得好的人是聪明的人，计划得好的人更聪明，做得好的人是最聪明，也是最好的人。

——拿破仑

计划比立即行动更重要

> 有一个农夫一早起来,告诉妻子说他要去耕田。当他走到田地的时候,却发现耕地用的拖拉机没有油了;原本打算立刻要去给拖拉机加油的,突然想到家里还有三四头猪没有喂,于是转身回家去喂猪;经过仓库时,看见旁边的马铃薯,他想起马铃薯可能正在发芽,于是又走到马铃薯田边去看看;途中经过木材堆,记起家中需要一些柴火;正当要去取柴火的时候,看见了一只生病的鸡躺在地上……这样来来回回跑了好几趟,这个农夫从早上一直到太阳落山,油也没加,猪也没喂,田也没耕……

很显然,最后这个农夫什么事都没做好。为什么会这样呢?

上一章,我给大家详细讲解了目标的重要性以及确立目标的方法,下一步应该做什么呢?很多人会说:"当然是立即行动!没有行动,目标永远只是目标!"

这样说的人只对了一半,的确,没有行动,目标永远只是目标。但是,在立即行动之前,还有非常容易被人忽略而又至关重要的一步——计划。例子中那个忙碌的农夫,他明明是有目标的,但是因为没有计划,一切行动都是混乱的、盲目的。所以,**计划远比立即行动更重要,因为它关乎目标能否达成,是目标达成的路径**。就好像要爬上山顶,需要计划从哪里上山、走哪条路、需要多长的时间、途中可能需要哪些帮助、需要提前做哪些准备……否则，盲目登山既不可能按时到达山顶，还有可能半路就葬身深渊。

现实生活中，我们也常常看到那些没有计划性的人经常表现出来的状态就是手忙脚乱，经常一件事情还没做完，又有一堆事情出现在眼前，每天焦头烂额，效率极低，而且还满腹牢骚。

计划的重要性不仅体现在每个人的生活、工作中，父母帮助孩子做好成长的计划也相当重要。这里给大家讲四只毛毛虫的故事。

四只毛毛虫的故事

毛毛虫喜欢吃苹果。有四只要好的毛毛虫，相约一起到苹果园里找苹果吃。

第一只毛毛虫跋山涉水，终于来到一棵苹果树下。但是它根本不知道这是一棵苹果树，也不知道树上长满了红红的、可口的苹果。当它看到别的毛毛虫往树上爬时，它也稀里糊涂地跟着往上爬。没有目的，不知终点，更不知道自己到底要哪一种苹果，没有想过怎样去摘取苹果。最后它的结局会怎样呢？

也许它找到了一个大苹果，幸福地生活着；也可能在树叶中迷了路，过着悲惨的生活。不过可以确定的是，大部分毛毛虫都是这样活着的，没想过什么是生命的意义，也不知道为什么而活着。

第二只毛毛虫也爬到了苹果树下，它知道这是一棵苹果树，也确定它的"虫"生目标就是找到一颗大苹果，但它并不知道大苹果会长在什么地方。

它猜想：大苹果应该长在大枝叶上，于是它慢慢地往上爬，遇到分枝的时候，就选择较粗的树枝继续爬。它按照这个标准一直往上爬，最后终于找到了一个大苹果。当这只毛毛虫刚想高兴地扑上去大吃一顿时，放眼一看，才发现这个大苹果是整棵树上最小的一个。更令它泄气的是，它发现要是上一次选择另外一个分枝的话，它就能得到一个大得多的苹果。

第三只毛毛虫也到了一棵苹果树下。这只毛毛虫知道自己想要的就是大苹果，还研制了一副望远镜。还没开始爬时，它先利用望远镜搜寻了一番，并且找到了一个很大的苹果。同时，它还发现从下往上找路会遇到很多分枝，有各种不同的爬法，但若是从上往下找路，却只有一种爬法。于是它很细心地从苹果的位置，由上往下反推至目前所处的位置，并记下了这条确定的路径。

确定路径之后，它开始往上爬。每当遇到分枝的时候，它一点也不慌张，因为它知道该往哪条路走，也不必跟着一大堆虫去挤破头。按理说，这只毛毛虫应该会有一个很好的结局，因为它看起来已经有了自己的计划。但是真实的情况往往是，因为毛毛虫的爬行速度过于缓慢，当它抵达时，苹果不是被别的虫捷足先登，就是已经熟透烂掉了！

第四只毛毛虫跟前三只都不一样，它不仅有目标，而且拿出的计划是提前进行科学考量过的计划。它不仅知道自己要什么样的苹果，还知道苹果的成熟过程。因此当它拿着望远镜观察苹果的时候，它的目标并不是一个大苹果，而是一朵含苞待放的苹果花。它还计算好了自己的行程，估计当它达到的时候，这朵花正好长成了一个成熟的、令它满意的大苹果。

结果，它如愿以偿，得到了一个又大又甜的苹果。

可以看出，第一只毛毛虫毫无目标，一生盲目行动，不知道自己想要什么，是一只没有规划的糊涂虫。

第二只毛毛虫虽然知道自己想要什么，但是它不知道怎样得到苹果，只是在习惯中的所谓正确标准的指导下，做出了一些看似正确却使它渐渐远离苹果的选择。而曾几何时，正确的选择离它所处的地方非常接近。

第三只毛毛虫有非常清晰的规划，也总是能做出正确的选择，但是，它的目标过于远大，而行为过于缓慢。机会不等人，同样孩子的成长时间也极其有限，家长必须把握好孩子成长的关键时期，制订适合孩子成长的计划，并同时帮助孩子提高制订计划的能力，这样孩子的未来就会大不一样。

第四只毛毛虫不仅知道自己想要什么，也知道如何得到想要的苹果，以及得到苹果需要什么条件，然后制订了清晰、可行的计划，在望远镜的指引下，一步步实现了理想。

其实每个人都是"毛毛虫"，而"苹果"就是我们的人生目标，"爬树"就是我们的人生过程。现代社会，规划决定命运，有什么样的规划，就有什么样的人生。**每个人的时间都非常有限，**

越早规划自己的人生，就越早获得幸福与成功。所以让我们从现在开始，帮助孩子做好自己的人生规划，从和孩子一起培养目标感和做计划开始，做第四只毛毛虫。

计划的重要意义

"一年之计在于春，一日之计在于晨"，说的是一年要有所收获在于这一年年初的计划，一天要达到目的在于这一天开始的计划。一句俗语道出了计划的重要性。

1. 有助于坚定信心

"凡事预则立，不预则废"，做一件事，只有美好的设想是远远不够的。一个目标好不容易树立起来了，如果没有详尽的、可执行的、能指导实际行动的方案，人依然会没有底气。即使目标再完美，再吸引人，如果通向目标的过程不清晰，人就会走偏、遭遇挫折，并在这一系列过程中丧失信心，进而自我怀疑。

计划可以对设想进行科学的分析，告诉人们设想是否可以实现。计划可以作为实现设想过程的指导，大大节省时间，减轻压力。有了好的计划，就有了好的开始。行动之前进行深思熟虑，构想要做的事的每一个细节，梳理思路，然后将它深深铭刻在脑子里。当你行动时，便会得心应手。就如移走一座大山似乎不可能，但如果把大山看成一个个由小土堆堆积起来的大土堆，那么"愚公移山"也不再是天方夜谭。同样，把一个宏伟的目标分解成一个个详细的小计划去完成，就会发现许多看似不可能的事情似乎简单了许多，并且会在完成一个个小计划、小目标的过程中越来越自信，也越来越坚信目标的价值。这样的体验对一个人或一个团队的鼓舞力量是难以估量的。

2. 有助于循序渐进地达到目标

我经常听到一些主妇在一起抱怨新家装修的问题，比如预备了装修的钱，预定了装修的时间，可是结果往往会超出预期的时间、很多地方需要返工、费用也常常会超出预算……为什么会这样？原因只有一个，就是事先没有计划好，没有计划当然没有办法高效地完成一件事。

一个科学而周密的计划恰恰可以回答：做什么、做多少等问题。计划制订得周详的话，就可以尽早进入实战，无须观望、犹豫；计划中如果解决了先做什么、后做什么、具体步骤是什么等问题，就可以有效地避免走弯路；如果计划中还有针对某一步用什么方法，某个问题采取什么措施等考虑，就能有效避免精力的浪费。极好地规划了以上问题，就可以促进学习和工作效率的提高。

有的学生平时没有计划，总是在考试前一星期连夜苦战，结果不仅学习效率没有提高，还会严重损害身体健康。而那些养成了提前做学习计划，并按照计划循序渐进学习和复习的同学，往往在考前依然可以和平常一样轻松，且考试成绩也更理想。

3. 有助于增强自我管理能力，激发创造力

曾经有位女学员抱怨："我先生总爱丢三落四，我跟他结婚十几年了，这十几年他每天都在找钥匙、找手机、找手表，在家总是问我放在哪了，我帮他找到后隔一会儿他又不知道自己放到哪了，每天就是各种反复找，家里的门也因为他总是找不到钥匙换过很多次锁。真的烦死了！我就是被他这样磨老了！"

其实这些现象说明她的先生没有很好的自我管理能力，而没有自我管理能力的原因，就是他从来没有为自己做过计划。比如手表取下来要固定放在哪里，钥匙带出门和回家之后应该固定放在哪里。一个小小的行为，先计划好了，下次就知道去那里找，这样就会高效。所以**做计划，要先从为点滴小事做计划开始，尤其是对孩子的训练**。比如从小就让孩子学习收拾和整理自己的物品，知道袜子放哪里，衣服鞋子如何摆放，书籍按照怎样的规律摆放更方便查找等，逐渐养成良好的习惯，长大之后生活能力、工作能力和自我管理的能力就会很强。

更关键的是，**在训练孩子的过程中，你还会发现培养了孩子的逻辑思维能力和创造性**。比如什么东西该放哪里、相关的东西该怎么放，这其实是有一定的内在逻辑关系的，因为这关系着怎样可以更快地把东西拿出来、怎么安排时间更加合理。所以看似简单的小事，其实对孩子逻辑思维能力的培养很有帮助。而在训练过程中，还可以引导孩子在执行的过程中尝试优化计划，比如，引导他们思考如何使计划执行得更

加高效、更加快速，这个过程中，孩子的创造性往往很容易被激发出来。

4. 有助于养成良好的学习、工作习惯

人力资源专家告诉我们：一个习惯的养成，一般需要三周左右有规律的持续锻炼与培养。有计划的学习和工作，计划的连续性，短则需要一学期，长则需要一学年，但只要在完成计划的前 21 天内能坚持按照计划学习和工作，一个良好的学习、工作习惯就可能会变成自觉行动，学习、工作的积极性和主动性也会随之增强。

而在实际的学习、工作中，难免会有一些意外的情况影响我们的学习或工作计划，随之产生计划与现实的矛盾冲突，这时我们很容易就想要调整计划。但是有些计划是不能调整的，需要努力克服困难、保证计划的实施和目标的达成。比如，不能因为特别想出去旅游就放下做到一半的工作，因为这会导致团队目标无法达成或者由此失去工作，这就完全背离了自己之前定的目标；不能因为实在太想看完手边的一本精彩小说，不管明天要考试，仍然花一整晚的时间把小说看完，而第二天的考试就随便应付甚至迟到、缺考等。我们必须排除干扰和诱惑，认真按计划学习和工作，在这个过程中，意志和品质都会因为接受了考验与磨炼而得以形成并得到发展。

总之，计划的意义非同一般：它能给人以勇气，给人以效率，给人以自我管理的能力，能促使孩子突飞猛进、早日成才。所以，若想把孩子培养成出类拔萃的人才，绝不应放松计划这一环。

明年之计在于今年岁末，明天之计在于今晚

在现代的管理理念中，"一年之计在于春，一日之计在于晨"已嫌不足，现在所提倡的"明年之计在于今年岁末，明天之计在于今晚"，更着重强调了计划的预先性。

俗话说："先人一步""先知先觉"。在竞争激烈的今天，"先"尤为重要。这个理念说明了计划的重要性和预先性，对指导企业工作计划的制订极有价值。

有人认为，花时间制订计划会影响学习和工作效率，其实不然。之所以有人认为会影响效率，是因为他觉得写计划很困难。其实最困难的部分不是写计划，而是制订计划之前的思考、沟通、权衡、交流、提问、倾听……用来分析、解决问题所花费的这些时间，会帮助我们减少学习和工作中可能出现的意外。

约尔格·W. 克诺伯劳博士是 CFT 公司的顾问，是德国著名的效率管理大师。刚和他打交道时我就很诧异，他常常会向我们提出他要休息半个小时，这半个小时内我们在酒店房间或者咖啡厅里都找不到他。我很好奇，就问他每次这半小时会藏到哪里、干什么，他说："时间宝贵，我在游泳池里做计划！"克诺伯劳博士后来告诉我，他还有一个固定的默想时间，每月一天、每周半天、每天半小时。他会利用这些固定的时间思考

和做计划，这使他的企业和人生的效率提高了 N 倍。

除了要提前、尽早和肯花时间制订计划之外，我们应该如何制订计划内容呢？这里有一个 5W2H 的计划模型推荐给大家。

5W2H 计划模型

5W2H 计划模型（见图 5-1）又叫 5W2H 分析法，因简单、方便，易于理解、使用，被广泛用于企业管理和技术活动，对于决策和执行性的活动措施非常有帮助，能弥补问题考虑不周的疏漏。

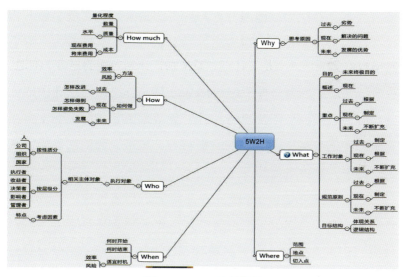

图 5-1　5W2H 计划模型

（1）Why（为何做）。具体包括：为何如此做？目的、目标、宗旨是什么？是最佳方案吗？有预备案吗？这样做的必要性是什么？有没有更好的方法？这一步是为了剔除不必要的工作。

（2）What（做何事）。具体包括：做什么（内容、标题）？具有挑战性吗？思考这些问题是为了选定明确的分析焦点。

（3）How（如何做）。具体包括：应该怎么做？方式、方法有哪些？能突破吗？思考这些问题是为了制订方案、计划、步骤、流程。

（4）Who（何人做）。具体包括：什么人（担当者、担当部门）？主办者、协办者及相关者分别是谁？由谁来执行，由谁来负责？思考这些问题是为了明确地指定权、责人员。

（5）Where（何地做）。具体包括：什么地方（执行对象、地点）？进行空间、地域分析，能否因地制宜？在哪里做？为什么在那里做？在别处做会更好吗？思考这些问题是为了选定做的最佳位置。

（6）When（何时做）。具体包括：什么时间（进度、期限）？开始时间是何时？中间进度怎样？完成期限是何时？什么时候开始？什么时候结束？什么时候检查？思考这些问题是为了制定时间表，掌控进度。

（7）How much（需要多少资源）。具体包括：经费、预算是多少？效益如何？值得做吗？需要多少资源（人力、设备、金钱、时间）？会不会旷日费时、得不偿失？思考这些问题是为了对此做出整体预算。

用以上五个W和两个H开头的英文单词、短语进行设问，可以帮助我们发现解决问题的线索,寻找思路,进行设计构思和制订计划。即使只是一次小小的旅游,我们也可以和孩子一起制订出一份完美的出行计划。如下:

> Why?
> 因为以前没去过,很想去,那里的文化很特别,可以增长见识,假期大家都有时间,我们的身体素质也满足条件。
> What?
> 去西藏旅游,感受独特的藏族文化,体验独特的藏区生活。
> Who?
> 和谁去?我们全家。爸爸负责出行攻略的制定,妈妈负责出行物资的准备,宝宝负责配合妈妈一起准备,并随时检查和提醒爸爸妈妈工作的疏忽之处。旅行过程中谁负责拍照?谁负责饮食起居?谁负责安全?
> Where?
> 目的地是西藏,出发地是家,途中要经过哪些地方?大家准备做怎样的停留?
> When?
> 什么时候出发?什么时候回家?今天订下计划,什么时候开始锻炼身体?什么时候开始准备物资?什么时候完成攻略?什么时候讨论并优化方案?
> How?
> 选择什么交通工具?自驾还是跟团?怎样更划算或者性价比最优?最想在藏区完成怎样的心愿?拍出什么样的照

> 片？如何拍？现在应如何锻炼身体？
>
> How much？
>
> 假期一共有几天？一共是多少费用？分解到每天的花费是多少才不会超出预算？
>
> ……

在锻炼孩子的过程中，也锻炼了我们自己，共同养成凡事做计划的习惯。

好的人生是设计出来的，成功也是"设计"出来的，计划是目标成功达成必须经过的路径。让我们用目标和计划，用耐心和坚持，在生活的各个小事中潜移默化地影响和支持孩子，使孩子慢慢爱上做计划，渐渐养成凡事有目标、有计划的好习惯，你会发现你的孩子自然而然地成为了一个自我管理能力极强、解决问题思路清晰的优秀孩子！

第六章

行动
——未来的竞争是行动力的竞争

在今天和明天之间,有一段很长的时间,趁你还有精神的时候,学会迅速做事。

——歌德

行动才能实现理想

不行动，梦想就只能是空想；不执行，目标就只是海市蜃楼。**想做成一件事，就要有行动，只有行动，才能实现理想。** 需要让孩子明白，没有哪一个成功的或者有成就的人不是在忙忙碌碌中获得成功的。

前面两章讲了目标和计划，目标定得再高、计划订得再完美，但如果没有行动，一切都是空想。正如就算你知道要去往山顶，也清楚去往山顶的路径，但如果不迈开脚步走过去，就只能停留在原地。所以，一百个想法不如一个行动。

行动是什么？

行动是为了达成某种目标而进行的活动，只有行动才能实现目标。人们常说，"空谈误国，实干兴邦"。行动比空谈更重要。学习知识是为了指导我们去行动，而这个行动是为了达成目标或者实现理想。

> 从前，有两个年轻人，他们生活在一个贫瘠落后的小山村，但他们都不甘心一辈子待在那儿，都希望有朝一日能够走出小山村，过上体面的城市生活。其中一个年轻人整天梦想着发大财，比如，把山货卖成黄金价，去人迹罕至的山洞寻找宝藏，等天上掉下一袋钱把自己砸晕……虽然他的想法很多，但总觉得没有一样能够顺利实现，于是他放弃了努力，

变得游手好闲。

另一个年轻人是一个木匠,他脚踏实地地干着木工活,每天早出晚归,忙忙碌碌。每每看到辛勤劳作的木匠,那个梦想做大事的年轻人就会忍不住讥笑:"在这个鸟不拉屎的地方,无论你怎么努力,也不会有什么好结果。与其自寻烦恼,不如等某个企业家来这儿投资,许多穷山村不是被开发成旅游景点了吗?到时咱们只管坐着收钱就是了。"

木匠说:"以后的事以后再说,现在最要紧的是做好该做的每一件事,虽然不一定能赚到大钱,但起码能够养活自己。"

一晃十余年过去了,梦想做大事业的年轻人除了每天做白日梦外,生活几乎没有丝毫的改变。而木匠则不同,这些年,他除了做木匠活,还利用业余时间学习了营销管理。经过多年的积淀,此木匠已非彼木匠了。

有一天,一位城里人路过小山村,发现了正在做木工活的木匠。城里人说:"以你的手艺,如果去城里开一间家具店,生意一定非常好。"木匠不好意思地说:"这是个好主意,可是我没钱啊!"城里人呵呵地笑着说:"这有何难?我出钱,你出技术,赚到的钱咱们平分。"

就这样,木匠来到了城里,果然如那个城里人预料的一样,他做出来的家具十分受城里人欢迎。没过几年,木匠就在城里买了房,安了家,还娶了一个漂亮的城里姑娘,过上了舒适而幸福的生活。而梦想做大事业的年轻人却还在那个贫困的小山村里做着美梦,生活没有丝毫改变。

坐着空想，不如站起来行动。行动，就像一个奇妙的分水岭，它将有志者和空想者分隔两地，勤奋和勇敢的人总是迎难而上，而懒惰和懦弱的人总是畏缩不前，于是他们有了两种截然不同的人生：辉煌的和失意的。可见人与人之所以会拉开距离，就在于行动力。机会从来都会特别眷顾那些脚踏实地、奔跑着来迎接它的人。

行动是对计划的执行与检验

行动对于孩子或者说对于任何一个人来说，都很重要。经常有一些孩子妈妈跟我抱怨，孩子干啥都磨磨蹭蹭的：吃饭磨蹭半天、做作业磨蹭半天、起床磨蹭半天……自己每天都在对着孩子大喊"赶快起床""赶快穿衣服""赶快去刷牙""赶快吃饭""我们要赶快走了"……孩子每天都生活在类似这样的命令或指挥之下，变成了一个提线木偶，家长提一下，孩子才会动一下。

为什么会这样呢？

因为孩子没有目标和计划！要记得：**行动一定是围绕目标的，而且是对计划的执行与检验**。所以任何一件小事都要提前确定目标，围绕目标制订行动计划，然后按照计划来行动。这样家长和孩子才不会茫然。

日常生活中，我们希望孩子快起床、快穿衣、快吃饭……这些要求究竟是为了达成什么目标呢？这个目标是孩子认可的吗？如果是，那么直接将计划摆在孩子面前，孩子就会自觉行动，甚至会在行动的过程中通过思考发现计划中可以改进的地方。要相信很多时候孩子的自我管理能力和创造力其实远远超出大人的想象。

再给大家讲一个故事：

阿诺德和布鲁诺同时受雇于一家店铺，拿着同样的薪水。

可是，一段时间以后，阿诺德的薪水连连上涨，而布鲁诺仍在原地踏步。于是，布鲁诺到老板那儿发牢骚。老板耐心地听完他的抱怨，然后说："布鲁诺，您去一趟集市，看看集市上都卖什么东西。"

布鲁诺赶紧去了集市，回来汇报说："今天集市上只有一个农民拉了一车土豆在卖！"

"有多少？"老板问。

布鲁诺赶快又跑到集市上去了，然后回来告诉老板："一共有四十袋土豆！"

"价格是多少？"布鲁诺第三次跑到集市上问了价格回来。

"好吧。"老板对他说："现在请您坐在椅子上别说话，看看阿诺德怎么说！"

老板派阿诺德去集市看看早上卖什么东西，阿诺德也很快就从集市上回来了，他向老板汇报说："到现在为止，只有一个农民在卖土豆，一共四十袋，价格是三块五，土豆质量很不错！"还带回来了一个土豆给老板看，并告知老板这

> 个农民一个钟头后还会运来几箱西红柿，而且价格也非常公道。昨天，店铺的西红柿卖得很快，库存已经不多了。他想，老板肯定也会要进一些货的，所以他还带回来了一个西红柿做样品，甚至还把那个农民也带来了，农民正在外面等着回话。
>
> 此时，老板转向布鲁诺说："现在你知道为什么阿诺德的薪水比你高了吧？"

对照一下，哪个更像你的孩子？

显然，布鲁诺目标不清晰，只能接受指令；阿诺德不仅工作目标清晰，甚至对要成为什么样的人也一定很清晰，他的整体宏观格局要比布鲁诺大很多。阿诺德目标明确，计划清晰，所以结果也就完全不同。

如果你从小对孩子的训练就是按照"目标→计划→行动"这个先后顺序进行的话，你的孩子将会是阿诺德一样的孩子！

培养孩子行动的方法与步骤

1. 找到并放大能促使孩子行动的原动力

汽车开动要有动力和油，人要产生行动当然也要有原动力。 世间千般好，抵不过一句"我愿意"！

只要"我愿意"，公主可以嫁给平民，高管可以放弃高薪到农村创业，商人可以在某些时候不计较利润，孩子也可以爆发出你想象不到的潜力……那么，能使人们产生"我愿意"念头的究竟是什么呢?

每个人的内心都是追求快乐、逃避痛苦的,所以能使我们感到快乐的因素才可能是我们的原动力。因为快乐不是别人的需求,也不是别人的目标,而是自己的。如果有能让自己快乐的事情,人们自然而然会避开不那么快乐的事,直奔快乐的事。比如有的孩子回到家做的第一件事情就是打开电视看电视,而不是放下书包准备写作业。但如果做让自己特别快乐的事情必须要先做完不那么快乐的事情呢?同样要看快乐的事情能带来的快乐感是不是大于不快乐的事情带来的不快乐感,比如生病了要吃药,孩子自然觉得不快乐,但是如果吃药之后就可以身体健康地去做自己想做的事情呢?或者当孩子知道如果不吃药甚至还要经历打针、住院等更痛苦的事情呢?那么孩子的行动就会完全不一样。所以,即便是很小的事情,也会体现人们的态度。而之所以会有各种各样的态度,都是人们内心"意愿程度"的体现。

如果参与做家务就能获得看特别想看的电影的机会,为什么不?如果练好小提琴就能成为那个令自己羡慕的首席演奏家,为什么不?如果考上大学就能摆脱糟糕的原生家庭,为什么不?如果这一次活动表现好了就能获得最喜欢的老师的奖励,为什么不?如果这学期的成绩提高10分就能和妈妈一起去旅游,为什么不?……

> 我从小跟着外婆长大,从小外婆就鼓励我做家务。如果我参与倒垃圾,她就会奖励我一分钱,洗碗会奖励两分钱……

> 在那个物资匮乏、没有电视、没有太多娱乐项目的年代，我最大的快乐就是希望能有小人书、连环画看。而外婆正是发现了我的这个爱好，便开始用参与家务的方式鼓励我自己挣钱去附近的书摊自己买书看。每次看了小人书之后，我都会讲给其他没有看过的小朋友听，被很多同龄的小朋友所羡慕和崇拜，这实在是一件令我极其快乐的事。相比之下，做家务的那点不快乐真的就不算什么了。天长日久，我从劳动的过程中体会到了收获的价值，慢慢地开始体会到劳动的乐趣。这种从劳动中体会乐趣的习惯让我在长大之后自然而然地热爱工作，并随时从工作中得到快乐！

2. 引导孩子思考：如果不做，你会失去什么

当你让孩子做一件事时，孩子一定会想三个问题：我为什么要做这件事？通过完成这件事我能获得什么？不完成这件事我会失去什么或者会有什么遗憾？

前两个问题就是孩子行动的原动力，是在上一个步骤里需要找到的。第三个问题孩子显然不会自己主动去想，因此家长需要引导孩子来思考，从而使孩子更快地拥有行动力。想想看，一件事即使做了没有好处，但是不做却会有损失，为什么不做呢？比如，有一个做自媒体的学员在学完我们的课程之后有以下体会：

> 有段时间，我对看书这件事特别排斥。每个月定的主题书单总是看不完，一直拖到年底，才发现一年下来没看几本书，对自己特别失望。于是今年，我在给自己订书单的时候，

> 我反复问了自己上面三个问题,尤其是第三个问题。我发现我得到的答案是:
>
> (1) 我需要通过主题阅读,集中刻意阅读,提高自己某一方面的知识与技能。
>
> (2) 我想获得主题上的知识积累和进步;我想持续地通过输入维持写作输出;我想通过阅读积累培训案例。
>
> (3) 不阅读,则我的工作会缺少素材,会影响我的工作成绩。我的自媒体粉丝会失望,因为写来写去都是仅有的几点知识,没有知识更新,慢慢地会严重"掉粉",我的自信心会大打折扣。于是我在挑选主题的时候,也在考虑哪些主题是我特别迫切想读的,就安排在前面先做。
>
> 当我知道了自己为什么而做的时候,便有了足够的行动动力。

很多时候,我们之所以行动比较慢,是因为痛苦比较小,所以增加痛苦的难忍程度也不失为提高行动力的一个方法。

3. 帮助孩子分解任务,形成持续激励

大多数时候,"我们"和"我们的感受"之间需要进行妥协,然后选择做还是不做。一般来说,"我们的感受"更容易说服"我们",尤其是孩子。当一个目标过于宏大或是一件事情对孩子来讲有一定难度的时候,人自然而然会产生畏难心理或者在心里盘算做或不做哪个更划算,这个时候家长需要帮助孩子把大任务拆解成小任务,使孩子每完成一个小任务都能从中得到成就感。

> 有一个体育成绩很一般的小男孩,他就是用这样的方法鼓励自己的。他说:"我没有跑过100米,但我跑的是5个20米。在每个20米的距离内我都争取跑第一,这对我来说比较容易做到。"

如果把一个大的任务分解为若干个小任务,心里就容易接受,也比较容易完成。善于学习的人,往往都善于用"分解任务"的方法完成任务。其实这个方法特别适合帮助孩子提高英语或者其他学科的成绩。给孩子制定一个总的目标,比如考上某某学校或者期末得多少分数,提升的方法就是帮助他分解成每天记多少个单词或者做对多少道习题,每天完成任务都能获得成就感,偶尔还有物质奖励,这样孩子就能形成持续的激励,也容易形成持续的行动。

4. 做好榜样,并适时地参与孩子行动过程的讨论

教育其实就是言传身教。给大家分享一篇我们学员的日志:

> 孩子上五年级了,终于在学习方面有了一点点起色。作为父亲,我心里略有安慰。
>
> 我的孩子,0~6岁都是在他姥姥家度过的。那是一个小县城,基础教育很一般,而且我岳父和岳母都是农民出身,没什么文化,孩子的学习基础很差。
>
> 孩子该上一年级的时候随我们来到了大连。四年级以后,我们夫妻绞尽脑汁辅导他,却没有丝毫进展,而且他表现出来的是遇难则退,很没自信。我们还给他报名参加了跆拳道

班,希望他能从体育锻炼中找到一点信心。但是,短暂的兴奋期过后,他的表现还是退缩,遇到高难度的腿法就避开,只练自己已经掌握的技法。

对此,我很苦恼和焦虑,但是我知道一味发脾气是无济于事的,于是,在老师的帮助下,我尽力回想了自己的少年时代,一幅幅画面呈现在我的脑海里:

初中时,我是一个不折不扣的差学生,大部分的时间是在体校度过的。代数、几何、物理成绩一塌糊涂,只有语文成绩还马马虎虎。中考时,勉强考上了父亲所在单位的技校。有一天,我们家族的成员去给爷爷奶奶扫墓,来到了位于郊区的惠山。父亲对我说:"你看这山有多高?"

我小时候爬过这座山,但由于山路陡峭险峻并没有爬到过山顶,于是我对父亲说:"不知道!"

"不知道,跟我一起爬爬看。"父亲说。

看着父亲已经开始苍老的身躯,我应道:"行!"

脚下凹凸不平,手脚也有划伤,但我和父亲还是爬上了山顶。浩然间苍空莽莽,心中平添一份豪情。父亲喘着粗气对我说:"看,我们可以爬上这座山!"

是的,我们可以爬上这座山!以前没爬过如何知道呢?突然间我感觉自己充满了力量。在后来的日子里,我一边工作一边自考,拿到了文凭,在工作上也比以前进步很多。这都是因为父亲给我做出了榜样,因为父亲能爬上的山,我也能!

> 我也参加了跆拳道的训练。四十岁的人和十一二岁的小孩一起练习,老实讲有难度,困难也很多,但我还是凭着我少年时代在体校的底子和他们在一起训练。我跟他们一起练腿法,一丝不苟。有一次,教练要我出来展示一下,我运足力量,把教练踹出了两米之外!所有的孩子都惊呆了,他们从此崇拜地称呼我为"跆拳大叔"。
>
> 从此,我和孩子的练习更刻苦了,孩子还多次取得大连跆拳道大赛少年组的第一名。更关键的是,我的孩子对学习也开始用心,学习成绩也有了明显的进步。我很开心,因为我知道,这是我作为父亲给孩子树立了榜样的作用。

任何时候都不要小看榜样的力量,父母永远是孩子成长路上最好的老师。孩子成长也绝不仅仅是只有孩子需要成长,父母也需要和孩子一起成长。在培养孩子行动力的过程中,可以遵循三个步骤:第一步是"我"和"你"一起做,第二步是"我"做"你"看,第三步是"你"自己做。企业里带新人也可以用这三个步骤。

如果在行动的过程,家长尽可能关注孩子行动过程中的感受,比如,是否愉悦,是否遇到了困难,是否需要帮助等,孩子在你的关注下会感受到你在背后给予他的力量,他的行动会更果敢。当然,有些情况下也可以在行动结束后引导孩子总结和分享。

5. 行动结束后,引导孩子总结和分享

行动结束后,引导孩子总结和分享其实是很有必要的,也

就是人们常说的自我复盘。在复盘的过程中，家长可以及时发现孩子的闪光点并予以鼓励，或及时发现孩子的弱项并给予帮助和加强；孩子则可以在家长的帮助下及时总结经验、吸取教训，更全面地了解自己并学着自己找到前进的方向。复盘还可以帮助孩子锻炼逻辑思考能力和判断能力，以后遇到类似的问题时，孩子就可以快速解决或者少走弯路。

如果孩子还能勇敢、主动地与人分享其中的所感所得，那么孩子的语言表达能力、与人沟通的能力、正确处理自己情绪的能力都会得到锻炼和提高。分享不是单向的你说我听、一味地输出，而是一个双向交流互动的过程。如果孩子在分享的过程中，家长或者其他人也发表看法，提出意见，反过来会对分享人的分享产生促进和影响作用。从这个意义上讲，孩子输出的是自己的观点和看法，收获的是他人的真知灼见，看似是"舍"，实则是"得"，在相互切磋中实现了共同进步、共同成长、共同提高。也因为这样，我们和孩子都能在分享的过程中，不断完善自己，不断提升自己，让自己变得越来越优秀。

孩子有了进步后，他会越来越自信，进步也就会越来越明显，这样孩子就会走在一个良性发展的道路上。家长要有耐心，帮助孩子，当孩子的行为成为习惯时，孩子的自我成长能力也得到了提升。

第七章

给予
——人生的价值就是不断的给予

寻求快乐的一个很好的途径是不要期望他人的感恩，付出是一种享受施予的快乐。

——卡耐基

不善"给予"的家长

每到年末，各种媒体进行一年的新闻盘点时，都不乏熊孩子搞恶作剧的新闻。还有很多网友列出了身边的熊孩子办的"熊事"：

> 去你家做客时，弄断了梳妆台上的口红，摔碎了粉饼，倒掉了乳液，"不小心"弄乱了珍贵的手办；
> 因为不让他玩游戏，连画小区地库里的29辆私家车；
> 随地大小便，甚至还故意对着电梯按钮肆无忌惮地撒尿，导致电梯出现故障；
> ……

为什么会这样？每一个孩子来到世上时都是干净如白纸、纯良如天使的小婴儿，为什么有的却长成了小"恶魔"？他们背后的家长或许并非大恶之人，但一定也是冷漠至极、不善于负责任、不懂得"给予即快乐"的自私之人。他们一定从未对自己的孩子给予爱的能力的教育、情感的教育以及对他人关心的教育。网络上曾盛传的那个推倒孕妇的小孩，其背后是家长在护短，完全没有对生命的敬畏以及对危险的警惕；那个朝火锅吐口水的孩子的父母，也是丝毫没有对别人的尊重，冒犯了别人，并且很冷漠地认为这是小事……别只怪孩子熊，家长在教育上的不作为才是真正的祸端。

如果你不想让自己的孩子将来成为罪恶之人、冷漠之人，如果你想把自己的孩子培养成一个纯良温暖、有所作为的人，那么，请你和你的孩子一起学习爱与分享，学着从给予中获得快乐。

将欲取之，必先予之

给予，即让对方有所得。

> 一个人抱着柴火坐在寒冷的夜里，他冲着快熄灭的火炉大嚷："你什么时候给我温暖，我就什么时候给你柴火。"

在嘲笑这个人愚蠢之余，我们也需要自我反省一下：自己是不是也有过类似的举止或行为。

很多时候，一点小小的付出，获得的回报是几倍甚至是指数级的。但往往因为我们没有这种意识，或认为给予就是吃亏了，不划算，而放弃了这样的机会，非常可惜。因为一开始想到的是怎样才能得到，即使要给予，也要得到了后再说，不然心里不踏实，如果这个事情有变化，自己就亏了。这样的心态也正常，属于人之常情。但如果能逆向思维，先予后取，没准事情办得更顺利，收获也更多。汉语的舍得，即有舍才有得。这是我们和孩子都要明白的道理。我国古代先贤也有相关论述，例如：《老子》中的"将欲夺之，必固予之"，《战国策》中的"将欲取之，必姑与之"，《后汉书》中的"天下皆知取之为取，而莫知与之为取"。

日常生活中，有很多先予后取而获得快乐的例子。

两个陌生人面对面，如果你首先对人微笑，别人也会对你微笑，之后如果要问路或需要让行等，就很容易办成。但如果没有人主动微笑，后面的事情就可能会很尴尬，甚至引发冲突。

除了微笑，还可以对别人说称赞、安慰或鼓励的话，诚恳待人，用行动主动帮助别人。养成好的习惯，别人也会主动来帮助我们，好运也会随之而来。**心理学中有一个原则，就是"当你给予的同时已经拿到了给予的回报"，即给予的时候，其实就给了自己一个善意的回应，而这份善意的回应是我们幸福的源泉。** 因为人们做好事时，大脑会变得活跃，就好像受到奖励时大脑所受的刺激一样。所以，给予的人会更开心、更快乐。

2008年汶川地震时，我们组织了一个义工团去灾区，每到一个地方，所有人都要参与搭帐篷、准备物品，参与震后的每一个力所能及的建设。每个人都把自己的所有能力贡献出来，能唱歌的唱歌，能跳舞的跳舞，能讲故事的讲故事，能分享的分享，能炒菜的炒菜……每一个人都在争先恐后地去做贡献。大家虽然非常累，可是却收获满满，为什么？所有成员都觉得那次经历很有价值，力所能及给予出去，让灾区很多人得到了帮助、安慰和鼓励，这种被需要的价值感让人很满足。

给予其实包含四层内容：

第一，给予帮助。当有人遇到困难的时候，我们可以伸出援助之手，尽我们的能力帮助他人走出困境。

第二，给予同情。当有人遇到痛苦的时候，我们有理解到别人的痛苦与感受的能力。

第三，给予关怀。无论别人遭遇到的是困难还是痛苦，我们除了力所能及地帮助与同情，还需要关怀对方，让对方感受到温暖、友爱等各种美好的情感。

第四，你还可以给予你所拥有的，分享你自己所拥有的。

不是有了爱才给予，而是给予了之后才会拥有爱。你慢慢学着给予，慢慢地就会拥有很多爱！我们对成人进行训练的过程中，当他们完成整个系统训练之后，尤其是很多学员参与做义工之后，都深感收获很大。他们被一种被需要的力量驱使，开始意识到自己原来有特别大的能量，可以帮助到很多人，并在帮助别人的过程中感受到自己存在的价值。也因为发现了自己的价值，所以更快乐、更积极。还有很多企业家和高管在这个播撒爱的过程中，吸引了更多的合作伙伴和合作机会。

> 品达带着乔去见一个餐厅的老板欧，欧拥有六七家餐厅，而且还有价值几个亿的商业地产，而他的这一切都开始于一个热狗车。这个热狗车类似于我们现在马路边上经常会看到的一些卖早餐或者卖麻辣烫的小餐车。乔很惊讶：欧是怎么从一个卖热狗的生意人变成现在的房地产巨头的呢？
>
> 其实欧的热狗车生意一开始也很难做，不过因为欧很用心，慢慢积累了一些忠实的食客，名气就慢慢地传开了。几年后，他的热狗车被推荐进了该市年度最佳餐厅的手册里。为什么，一个热狗车的吸引力能超过一些高档餐厅呢？
>
> 欧的顾客反馈说是因为食品的口味好，还有就是欧待人热情诚恳，所以当时欧越来越有名气。后来被几个商界的高

管知道了，这几个高管舍弃了当地高级会所的精致午餐，专程去欧那里吃午餐。再后来，其中几个人共同组建了一个投资公司，给欧开办餐厅提供资金支持。欧又陆续开了一些连锁餐厅，然后用一部分经营所得购买了和餐厅邻近的楼房，于是几年后他就成为了本市最大的商业地产业主之一。

在谈到为什么有的餐厅生意一般，而欧的餐厅生意特别火爆时，欧说："一般餐厅仅仅提供数量和质量都刚好足够的食物和服务，从顾客那里赚的钱说得过去；而我的餐厅的目标是提供比顾客所花的钱更超值的食物和服务，竭尽所能挑战食客的想象力。"最后，欧用非常机密的语气小声地说："终极成功的第一大法则就是你的真正价值取决于你给予别人的价值在多大程度上超出你获得的回报！也因为这样，我的合作伙伴才相信我是可以经营好餐厅的人。"

种子原理

大自然有一个法则叫作种子原理。什么叫种子原理呢？就是当我们想要什么的时候，不是直接去要，而是要先把自己想要的给出去。比如，当你想要快乐的时候，你需要先把快乐给出去，就像你想收获很多种子，需要先把种子撒在地里培育一样。种子只有被撒进了土壤，经历了被培育的过程，才能长出更多的籽粒，或者长成有价值的植物——参天大树或瓜果鲜花。

如果把种子紧紧地攥在手上，种子再有力量，也没有办法长成参天大树或其他植物，永远就是一颗种子甚至会烂掉。

生命的内在也是这样。当我们想要拥有勇气时，要把勇气先给出去；想要很多的爱时，要先把爱给出去；想要拥有快乐时，要先把快乐给出去；想要拥有一个责任感强的孩子时，要先对孩子负起责任；想要孩子学会温暖纯良、爱与关怀，要先把你的温暖、爱与关怀给出去，让孩子看到并感受到。

一个人的价值不是由他拥有什么决定的，而是由他能够给予什么决定的。比如，有人觉得有能力就有价值，但其实有能力，如果没有发挥的平台和机会，或者就坐在那里一动不动，再强的能力也毫无价值。就像一台汽车只有被驾驶的时候才有价值，一个凳子只有被人坐在上面才有价值。所以孩子从小学习给予，是他长大之后可以真正融入职场与社会去体现他个人价值的关键。

洛克菲勒说过："这世界就是一面巨大的镜子：你是什么样，它就照出什么样；如果你充满爱意、友善、乐于助人，那么世界同样会展现给你爱意、友善、乐于助人。……'给予'是人类最美好、最有益的行为之一，它有一种神奇的力量，可以使一颗沉重的心灵变得温暖和快乐起来。真正的给予，不论是金钱、时间、关心，还是其他，都会让我们敞开自己的心灵。它使给予者生活充实，使接收者感觉到温暖，让某种新鲜的东西从原本荒芜的大地上生长出来。"

那么，生活中我们应该从哪些方面培养和训练孩子给予的能力呢？

重视培养孩子的给予能力

1. 培养孩子敬畏和爱护一切生命

培养孩子对生命的敬畏感非常重要。我们经常看到一些青少年犯罪的案例,血淋淋的现场透露着的就是孩子对生命没有敬畏感。由于缺乏对生命的敬畏感,他们才敢于残害其他的生命。所以家长的首要使命是要让孩子明白,所有的生命都是神圣不可侵犯的,都是需要我们热爱的。

有一些家庭,他们会在孩子很小的时候就选择养动物或者植物,这其实都不失为培养孩子敬畏生命、热爱生命、关怀生命的好方法。比如,有的家庭选择养狗,孩子除了可以和狗一起玩耍之外,还可以和家长一起照顾狗的饮食起居、身体,关心它的状态,每天坚持遛狗,定期帮狗洗澡、清理粪便等。在这个过程中,可以让孩子对狗负起责任来,让他不仅视狗为朋友,还把狗当成家庭成员。在这种情感的培育过程中,自然而然就学会了如何爱与关怀他人。

不喜欢猫、狗或者对动物毛发过敏的家庭可以选择养金鱼、乌龟等小动物,不仅可以让孩子直观地感受到生命的神奇与付出后的收获,还可以提高孩子的观察能力及表达能力,对后期孩子的语言和作文学习也会有很好的帮助。

还有的家长很喜欢在家养盆栽植物，这时可以号召孩子一起学习，共同参与。家长在每天观察植物的生长情况时，跟孩子交流几句，孩子其实都会记住。慢慢地，他就可以帮助家长给植物浇水，出太阳的时候会提醒家长或者帮家长把植物搁置在阳光下，跟家长一起给植物施肥，一起观赏枝繁叶茂、花儿朵朵。这其实是一个特别美好的过程，孩子在这个过程中也会投入感情，变得爱护花草、热爱大自然，也会更加热爱美好的事物。

2. 培养孩子参与劳动的兴趣

过去学校的教育标准是"培养德、智、体、美、劳全面发展的四有新人"，现在的家长更多地在意孩子"智"的发展，生怕孩子学习跟不上，进不了重点学校，于是为孩子报各种补习班。这其实并不可取。因为要想使孩子拥有健全人格和正常沟通水平，能在将来正常融入社会并具备一定的竞争力，只有智商和学历背景是远远不够的。

就拿做生意来讲，现在的社会信息发达，每个人或者企业都是独立的个体，需要彼此联盟，合作共赢。人们并不单从智商或者学历方面进行合作者的选择。人们在选择合作者时，除了看其实力还要看其人品和诚意。目前竞争越来越激烈，大家除了拼能力，还得拼体力，越来越多的年轻人猝死的新闻已经屡见不鲜。所以培养孩子成为一个拥有健康体魄、具有高尚情操、热爱劳动的人依然不过时，而且是非常必要的。如果一个人的聪明才智不能变成生产力，那么他的聪明才智就毫无价值，所以有必要从小培养孩子热爱劳动以及参与劳动的兴趣。如何培养呢？

建议家长学会列清单。低年龄段的孩子对事情没有宏观概念，需要父母帮助他们根据目标分解任务。比如，周日的下午空出了一小时的时间，除了陪孩子玩之外，家长还可以带领孩子参与家务劳动。这一个小时里，家庭成员之间如何分工、每个人负责哪几件事、想达成什么效果等，都可以列出来。如果还能有评比或者奖励机制则更好，因为这样做可以激发孩子的积极性。最重要的是过程中要有孩子独立完成的部分，也要有家长支持、帮助的部分。只有在这样的互动过程中，孩子才能感受到一家人是齐心协力、其乐融融的，这样他也会感觉到自己是幸福的，会更爱这个家以及家里的每一个人。

3. 培养孩子养成爱分享与帮助他人的习惯

> 有一个学生总是害怕麻烦老师，所以即使遇到不懂的问题，也不敢向老师请教。细心的老师发现了这种现象，就询问其原因。
>
> 学生解释说："老师，您知道吗？您给我的答案我总会忘记，我很想再次向您请教，但一想到我已经麻烦您许多次了，就不想再打扰您了。"
>
> 老师想了想，对学生说："先去拿一支蜡烛来。"
>
> 学生照做了。老师接着说："再去多拿些蜡烛来，并用第一支蜡烛把它们都点燃。"
>
> 学生也照做了。老师问他："其他的蜡烛都是由第一支蜡烛点燃的，第一支蜡烛的光芒有损失吗？"
>
> "没有。"学生回答道。

> 老师接着说:"所以你问我问题,我也不会有丝毫的损失,欢迎你随时来找我!"

分享与帮助别人,其实是成全别人,快乐自己。

"一花独放不是春,百花齐放春满园",每个人的能力都有限,而善于与他人合作的人往往能够弥补自己能力的不足,达到自己原本达不到的高度。只有付出,才能拥有更多。所以分享也是一种快乐,取人之长,补己之短,能让双方都从中受益。我们要从小培养孩子学会分享和帮助别人。

比如,从分享自己的玩具、书籍开始,学会分享自己在某本书或者某件事情中获得的经验、成长等,学会把快乐给出去,这样就可以换回更多的快乐。

再比如,还可以从帮助同学、自己的爸爸妈妈、身边需要帮助的人开始。给自己的父母送一次伞,就会获得亲子间更大的幸福感;给考试时忘带铅笔的同学递一支铅笔,就会获得同学间真切的友谊;在路上为陌生人指路,获得的是陌生人的善意感激……这些都是每个人人生路上快乐与财富的积累。请相信,爱出者爱返,福往者福来。

4.培养孩子学会原谅

在训练营里,我发现很多亲密关系之间之所以存在裂痕,最主要的原因就是家人之间互不原谅,其实许多起因只是一些很小的事情。我们常常感慨:我们总是把最好的微笑和耐心留给了外人,却把最差的情绪留给了最亲的家人。

因为把对方看成了最重要的家人,于是对对方的要求变高、期待变高。比如,有的家长对孩子要求特别高,出一点差错就侮辱打骂；有的夫妻间因为一点小事就互相指责……日积月累，彼此相互定论，互不原谅。其实真的没有必要，人生很长也很短，不要把时间花在相互讨厌和折磨上，家庭成员之间更是要共同进步，一起追求美好的生活，所以要懂得原谅。

原谅是生命中非常重要的一个能力，要学习并掌握这种能力。我们要记住：很多时候别人对我们的伤害是无意的，而别人对我们的好与帮助却是真心的。与别人发生纠纷或不愉快时，假如你能鼓足勇气主动与对方沟通，对方也会真诚地向你道歉，甚至说出真实的过程，你可能会发现其实大多数的不原谅都是误会。

原谅曾经伤害过你的人，也不要轻易伤害别人。很多时候，我们需要学会善待别人，不要抓着对方的错误不放，要学会用自己的方式"逃避"本来就不会有结果的伤害，不在人我、是非中彼此摩擦。有些伤害看起来虽然不重，但稍有不慎，便会重重地压到心上。因此要训练自己的抗压能力，不要被别人的伤害轻易扎伤了自己。

送给别人花时，首先闻到花香的是我们自己；抓起泥巴抛向别人时，首先弄脏的也是我们自己的手。让我们将不值得记住的事情统统交给沙滩，让海水卷走那些不快，"直起腰来，我看见蓝色的大海和帆影"。

第八章

感恩
——感恩的时候，付出会代替索取

感恩即是灵魂上的健康。

——尼采

《世界正在悄悄奖励懂得感恩的人》刷屏背后

2018年年初，一篇题为《世界正在悄悄奖励懂得感恩的人》的文章短时间内被人们在朋友圈内疯转，网友们都对这篇文章予以了高度肯定。文中提到了以下几个观点：

- 懂得感恩的人更容易得到上天的眷顾，所谓的命好，不过是因为懂得感恩的人更受好运眷顾，连死神都要退避三舍。
- 很多人觉得别人的机遇好是因为运气好，其实运气也是实力的一种。在职场中，人与人拼到最后，其实拼的就是人品。懂得感恩的人，人品自然不会差。感恩之心，就是人们的幸运符。
- 懂得感恩是一种生活态度，是一种人性美。因为心存感恩，生活就少了许多怨气和烦恼。怀着感恩之心对待世界的人，世界也不会亏待他。
- 一个懂得感恩的人一定会让施以援手的人心如三春暖。有的人不懂感恩，总是自以为聪明地消耗别人的善意，等到真正需要别人的帮助时，就会发现身边人来人往，但自己犹如孤岛，无人问津。

- 人心是很奇妙的，越是懂得感恩的人，别人越愿意给予更多的帮助，就越容易得到更大的施展平台。为回报别人看似舍弃了一些东西，但世界会以另一种方式悄悄地奖励你。

该篇文章之所以能被刷屏，是因为它说中了人性的本质：我们本能地渴望从别人那里获得肯定和回馈，所以我们每个人也都本能地更愿意接近懂得感恩的人。

那么，你希望你的孩子能常被幸运之神眷顾吗？

人和人之间本就有着千丝万缕的关联，我们每天除了付出自己所拥有的，也在从别人那里不断地获得。我们的孩子从出生开始，就在很多人的付出之下成长，这一路并不容易，其中有很多人值得我们及孩子感谢并感恩。**如果你希望自己的孩子常被幸运之神眷顾，就请在他小的时候就让他懂得感恩，让他拥有一颗常感恩的心，并养成感恩的习惯。**

忘记自己的付出，牢记别人的恩惠

什么是感恩？《现代汉语词典》的解释是：对别人所给予的帮助表示感激。《牛津字典》的解释是：乐于把得到好处的感激呈现出来且回馈他人。学会感恩，我们才会拥有快乐，拥有幸福，拥有力量，才能在生活中不轻言放弃，勇往直前。但人性的弱点往往是容易牢记自己的付出，忘记别人的恩惠。

> 我记得儿子十多岁的时候，有一次我问他："你记不记得你小时候总是跑过来跟我说'妈妈抱'？"结果他跟我说了一段让我诧异又警醒的话。
>
> 他说："我记得啊，可是我更记得有一次在公园里，我对你说'妈妈抱'，然后你却说'抱什么抱，自己走！'"
>
> 说实话，当我听到孩子这么说的时候我很受触动。从小到大，我抱了他无数次，但他却牢牢记住了我表现最不好的一次。

人们总是很容易忘记别人对自己的好，却会牢牢记住别人对自己的不好。可是实际的情况则是，别人对我们的好常常是刻意经营、有意识去做的，别人对我们的不好则往往是无意识的。但我们总是记不住别人有意识的恩惠，却记住了别人无意识的"伤害"。而这种"被伤害"的情绪有着很大的负能量，不利于孩子成长，更不利于孩子收获快乐。

那么，**要如何化解这种负能量的情绪呢？唯有放大并习惯记住别人的好，也就是习惯于感恩。**当一个人的心中充满了感恩之情，他对这个世界就会每时每刻都心怀感激，就会对万事万物心存感恩和敬畏，就会善待一切，包括自己，甚至可以做到"世界以痛吻我，我却报之以歌"。

感恩是化解问题的最高智慧

拥有一颗感恩的心，就可以让一个人不抱怨，让一个人感谢这件事情的发生带给自己的成长机会。这种感恩之心会化作智慧和力量，让我们在日后的工作里找到化解问题的方法。

那么，如何培养孩子拥有一颗感恩的心呢？

从小训练

生活中，家长可以从以下几个方面着手去训练孩子的感恩之心。

1. 时刻牢记并感恩父母的养育之恩

百善孝为先，生而为人，每个人对于父母的养育之恩都要铭记在心。家长可以从小就给孩子讲一些感恩的故事，例如乌鸦反哺的故事：

> 据说，乌鸦在母亲的哺育下长大后，当母亲年老体衰，不能觅食或者双目失明飞不动的时候，它的子女就四处去寻找可口的食物，衔回来嘴对嘴地喂母亲，来回报母亲的养育之恩，并且从不感到厌烦。这就是人们常说的"乌鸦反哺"。

还有像"卧冰求鲤"等很多类似的孝顺父母、感恩父母的小故事都可以找来与孩子分享，孩子在故事里会受到启蒙和启发。当然，**最好的教育是身教，即自己做榜样，对孩子的爷爷奶奶、外公外婆常怀孝心，并时刻感恩**。在这样的家风下成长的孩子往往都是温暖善良、懂得感恩的好孩子。

2. 学会对家人说"谢谢"并成为习惯

感恩训练可以从简单地说"谢谢"开始。一开始，大家可能没有想过"感恩训练"这么深层次的事情，其实一个简单的礼仪教化就可以达到这个目的。教育就是这样润物细无声，教会孩子说一句简单的"谢谢"，可以让孩子明白世上没有什么获得是理所应当的，我们要对所获得的一切心怀感恩。为了让孩子明白这些道理，家长除了教会孩子说"谢谢"之外，也要经常对孩子说"谢谢"，并养成习惯，因为家长就是孩子的教科书。比如，孩子帮你夹了菜，你要看着他，对他说一声"谢谢"，以表示你对他这个行为的称赞。当孩子接收到你对他说的"谢谢"的时候，他会很愉悦、很快乐，能感受到自己被肯定、被嘉许，这样他会更自信、更愿意付出。所以家长首先要常对孩子说"谢谢"。

作为父母，你有对孩子说"谢谢"的习惯吗？刚开始你可能会觉得很别扭，不太自然，坚持把它变成习惯之后，说起来就很自然了。

除了对孩子说"谢谢"之外，夫妻之间也要相互说"谢谢"，因为这样不仅可以增进夫妻之间的感情，也是对孩子很好的示范。千万不要认为夫妻间说"谢谢"会显得太生疏，实际上这真的不失为增进夫妻感情的一个好方法。比如，太太帮先生添了一碗汤，先生说"谢谢夫人"，这时候太太心里肯定会很甜蜜。如果先生帮太太沏了一杯茶，太太也说一句"谢谢先生"。这样的家庭氛围其实是很多家庭都想拥有的，因为多数家长都不想像老一辈的传统家庭那样太过死板，甚至有的夫妻过了一辈子就像两个熟悉的陌生人,很生分。那么,如何才能改变这种状况呢?要做到其实并不难,不过是说一个"谢谢"而已,让对方知道他的付出在你心里从来都不是理所当然,且一直被感激在心。感恩是一种行动,让我们从习惯对每一个家人说"谢谢"开始。

3. 用行为来表达感恩之情,把它变成习惯

比如,家长可以鼓励孩子在节日或特殊的日子,或者在获得帮助的当时,向老师、父母、亲朋好友赠送礼物或制作礼物送给他们,以此来表达自己的感恩之情。

> 我记得有一次儿子从英国回来,我们在家聊天。他突然对我说:"妈妈,我给你买了一份礼物,放在你卧室的床头。"因为他当时也才十几岁,我就没有多在意。
>
> 晚上我在床头看到了一盒女士专用口服液,那一刻我非常感动。瞬间觉得孩子长大了,他开始懂得体贴妈妈、关心妈妈、感恩妈妈了。

爱要大声说出来,感恩更要用行动来体现。有一个学员带着儿子参加我们的青少年班之后,分享了一个片段:

> 有一天她下课回到家已经很晚了,在客厅的茶几上,她发现儿子留给她的一张卡片,旁边还有面包。卡片上写着:"妈妈,您辛苦了!怕您回来太晚,我给您买了面包,记得吃。我先休息了,您也早点休息,我爱您。"
>
> 那个妈妈说:"拿到那个卡片的时候,我的眼泪就掉下来了,我甚至拼命去亲了那张卡片,因为那是儿子给我的珍贵礼物。"

所有的教育最终要达成的目标就是自我教育。写感恩日记其实也是自我成长与自我教育的一种极好的方式。这种纯私人的自我对话可以化解自己很多内在的痛苦，帮助自己看到生命中真正的价值。我自己每年都会写一本日记，每天写日记时心情都会变好。所以你不妨试一下，从准备一个漂亮的日记本开始，从对这个日记本的感激开始去写。对于参加我的青少年班的孩子，我就是通过带领他们写感恩日记，来培养他们拥有一颗感恩的心。在写日记的过程中，你会发现：记录下的美好多过让你不开心的回忆，记录下的经验和成长的快乐会多过抱怨。慢慢地，你心中对这个世界的感激会越积越多，感恩的心会越来越丰盈，你会发现只有拥有感恩的心，才能把别人对自己的爱都纳入生命里来，也才会愿意用付出替代索取。感恩的心是这个世界上最美的心。

第九章

快乐
——快乐是生命的基础底色

> 快乐,是人生中最伟大的事!
> ——高尔基

我问过很多父母："你希望你的孩子将来的生活是怎样的？"他们几乎都是这样回答我："我只希望他生活得幸福、快乐！"

快乐是一种情绪，是每个人在感受外部事物时带给内心的愉悦、安详、平和、满足的心理状态；快乐还是一种表达、一种收获，当你觉得快乐时，你的活力就会绽放，阳光般的笑容将浮现在脸上；快乐是当一个人在追求目标时达成的理想状态和内心喜悦的激情；快乐是一个人对美好生活的一次次的满足与实现；快乐是一种持续的状态。

快乐，是每个人生命的基础底色，必不可少！

钱钟书在《论快乐》一文里说："要是你精神不痛快，像将离别时的宴席，随它怎样烹调得好，吃来只是土气息，泥滋味。那时刻的灵魂，仿佛害病的眼怕见阳光，撕去皮的伤口怕接触空气，虽然空气和阳光都是好东西。"

尽管快乐的原因是肉体上的物质刺激，但一切快乐的享受又都属于精神，并影响着我们在现实中的行为和对事物的体验。

那么，什么因素会导致孩子不快乐呢？

让孩子不快乐的事情有很多，在许多情境下，一些小事和细节都有可能导致孩子在那一刻情绪变差，但那只是当下没有获得快乐而已，还没有严重到不快乐。总体来说，有两个方面的原因会导致孩子不快乐：一个是孩子在学习方面有压力；另一个就是与父母的关系不和谐，家庭不够温暖。

快乐激发孩子的学习力和创造力

我在百加青少年班多次问过孩子们："你们最不喜欢的事情是什么？"

他们总是异口同声地回答我："上学！考试！"

孩子们明明知道学习的重要性，可是他们却不喜欢学习。因为他们是被迫学习的，而不是主动愿意做的，所以在学习的过程中阻力重重、压力过大，这会让孩子非常不快乐。

但学习真的是一件让所有人都很痛苦的事情吗？

不。学习本身其实并不枯燥，学习是快乐的，并会给人带来成就感！那些觉得痛苦和不喜欢学习的孩子只是没有体会到学习的快乐和成就感。

孩子小的时候，学习说话、爬行和走路，这个过程其实就是学习的过程。谁会觉得这个过程不快乐呢？

当他们第一次独立行走，第一次系好鞋带，肯定非常有成就感！同样的道理，当他们第一次认识路牌，第一次学会算术，也同样充满了惊喜感。

**孩子天生愿意接受新鲜事物，有着强烈的学习欲望，只要他们愿意，就让他们学，没有什么不好的。只是在这之前，孩子的好奇心至关重要，家长需要陪伴孩子一起去探索那份由好奇心所产生的喜欢，由这份喜欢所产生的快乐，由这份快乐所

产生的热爱，由这份热爱所产生的创造力。在这个过程中，家长不是被隔绝在孩子的学习之外的，学习也不仅仅只是孩子的事情，而应是大家一起创造很多快乐元素的过程，在这个过程中让孩子喜欢上学习。

很多家长则恰恰相反，认为学习只是孩子的事，只看重孩子的考试成绩。若孩子的目标没有达成，考试没有达到理想的成绩和名次，就对其责骂甚至体罚，这样孩子面对学习的时候，内心就会产生恐惧，那是一种不快乐的体验。很多孩子厌学、逃学都是由于这个不快乐的体验导致的。

家长需要学会激赏孩子，让孩子能在向着目标迈进的旅途中获得成长、成才、成功。当孩子完成一件作品时，给他一个中肯又带着鼓励的评价，让孩子品尝到成功的愉悦，体会到创造的价值。而好奇、好问、好动、好学、好胜也是孩子的天性与本能，如果在孩子长身体、长知识的成长阶段，多激赏孩子，孩子的生命就会像添加了催化剂或增长剂一样，表现出更多的自信和对新知识的渴求。如果从童年就开始让孩子体验这样的成就感和自信，那么孩子慢慢地就会拥有求索、开拓、勇敢、创新的特征。

同时，家长要保护好孩子的好奇心。好奇心强烈的孩子，总是主动地对新奇事物寻根问底，提出各式各样的问题，以求发现事物的内在联系。所以**家长要保护好孩子的好奇心，多给孩子创造一些丰富多彩的认识环境，让孩子能从中获得新颖、神奇的感觉，这会使他们对这个世界充满向往**。

我们发现一个现象：过去一段时间，中国的中学生在参加数理化方面的国际比赛时，凡是需要死记硬背的题目都能拿高分，凡是需要独立思考、判断和想象的题目往往会失分。这其实跟以往中国的应试教育机制有一定的关系。在课堂上，孩子们不会主动提问，也没有经常被鼓励提问，从而导致不善于思考。而学会思考，对一个人的成长是很重要的。爱因斯坦说过："学习知识要善于思考、思考、再思考。"华罗庚对思考也有过精辟的论述："独立思考的能力是科学研究和创造发明的一项必备才能。"思考是创造力的源泉，学习知识要思考，发明创造要思考，完善人生也需要思考。因此，家长还要学会在孩子成长的过程中，在孩子获得了一定的知识基础之后，鼓励孩子积极、独立地思考，让孩子的创造力得以全面提高。这个时候，你的孩子一定是一个热爱学习、主动学习且学习成绩也不会很差的好孩子！

温暖的家庭是孩子快乐的源泉

《全国家庭教育状况调查报告（2018）》（以下简称《调查报告》）显示：**孩子认为人生最重要的事情中，排在首位的是"有温暖的家"。**

《调查报告》显示，我国四年级和八年级的学生认为，人生最重要的事情排名第一位的均为"有温暖的家"（39.3%、49.4%），人数比例远高于"有钱"（1.2%、1.3%）、"有社会地位"（0.6%、0.9%）、"有权力"（0.6%、0.6%），如图9-1所示。

这表明无论是四年级还是八年级的学生，孩子都将家庭作为他们人生最重要的选择，反映了他们对家庭的重视和对温暖家庭的渴望。

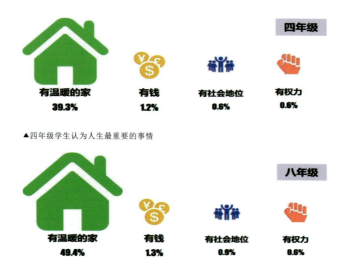

图 9-1　四年级和八年级学生认为人生最重要的事情

由图 9-1 可以看出：与四年级的学生相比，八年级的学生更加看重家庭，也更加清楚地认识到拥有一个温暖的家的重要性。温暖的家代表了和谐、亲密的家庭关系，充足、有力的家庭支持，互相接纳、互相信任的家庭氛围。温暖的家是幸福的重要组成部分。

有研究表明，**父母给孩子带来的温暖能减少孩子的孤独、焦虑等消极情绪，能促进孩子合作、感恩、负责任等积极品质的发展**。生活在压抑的环境里面，孩子是没有办法培养创造力的，也没有办法学会很好地与人沟通。

所以，如果想让孩子快乐，有爱、有温暖的家就至关重要。我们希望孩子是一个幸福、快乐的孩子，就要从小给他温暖和爱，让他在潜意识里感到自己是喜悦的、快乐的。这点至关重要，会影响孩子的一生。

培养孩子获得快乐的五个小方法

1. 延迟满足需求

孩子不快乐，常常是源于自己的需求没有从父母那里得到满足。

很多家长跟我讲："现在我们的生活条件各方面都挺好的，孩子想要什么都会买给他，他的要求都尽量满足！"

特别是很多离异的家长，为表达对孩子的亏欠，总是不停地满足孩子在物质上的需求。我记得一个女大学生曾经跟我分享过她的故事：她从小父母离异，没有固定的家，常常在各个亲戚家辗转寄宿。父母都觉得亏欠了她，挣了钱就满足她的一切物质需求。所以她虽然还在上大学，但是她名下已有房子、车子，银行卡里还有很多钱，可是她一点都不快乐。

我们的孩子为什么什么都不缺了，却还是不快乐？

这里我要提出一个非常重要的理论，即延迟满足需求，该理论非常有价值和意义。因为当孩子有一个需求的时候，如果你很快满足了他的这个需求，或者让孩子感觉得到太容易，那么孩子的快乐和获得快乐的时间是一样的，很短暂，也非常容易消失。延迟满足需求，则可以培养孩子的自制力以及孩子持久快乐的能力。

> 我从小跟着外婆长大，记得自己小的时候，那个年代没有什么娱乐，但在离家不远的地方，有一个地方可以看小人书，在那儿看小人书是一件让我非常快乐的事情。看小人书需要花钱，我需要从外婆那里获得零花钱，才能去看自己想看的小人书。可是我的外婆并没有直接把钱给我，她延迟满足了我的需求。
>
> 外婆对我说："你如果在家倒一次垃圾就能获得一分钱；洗一次碗可以获得两分钱。你自己做家务攒下来的钱，可以自由支配！"
>
> 就这样，我的需求被延迟，当需求需要通过自己的努力来满足的时候，我发现它很珍贵。这也导致我更加热爱看书，并珍惜每一次看书的机会，看书也成为我人生里一直在保持的、很大的乐趣。

所以并不是孩子需要什么，家长只要马上满足了孩子的需要，孩子就会快乐。无条件满足很重要，延迟满足也很重要，把握的关键是要按照孩子的年龄段和大脑发育水平决定什么时间做什么事情。在孩子3岁之前，父母要尽可能不设条件地去满足孩子身心对父母的各种需求，比如饿了要喂、哭了要回应，这份无条件的满足是幼儿最需要的身心依靠，孩子的内心相信父母在一定的"延迟"之后，会给予他食物、拥抱和爱，所以他才会具备延迟满足的能力。

2. 给孩子制定目标

其实不仅学习上需要有目标，生活中的方方面面都可以制定目标。比如用多长时间看完一本书，什么时间开始启动跑步计划，在一个旅游活动中你可以为大家提供哪些服务，等等。

一个人如果没有目标，就不知道自己要做什么，没有方向，因而会迷茫。在这样混沌的状态下，人其实是很痛苦的。而有目标的人因为很清楚自己要干什么、应该怎么干，反而是快乐的。所以**有目标的人生才是真正快乐的人生。**

当然，给孩子制定一个可以达成并能获得快乐和成就感的目标，是一件科学又需要讲究技巧的事，各位家长可以参照第四章的相关内容。同时给大家推荐一部电影——《摔跤吧，爸爸！》，电影中的爸爸培养两个摔跤冠军女儿的经历，或许会对您有所启发。

3. 让孩子懂得给予和感恩

一个不懂给予、不懂感恩的人是不会真正懂得快乐的真谛的，一个善良的人一定是快乐的。所以每个家长都需要不断地赋予自己的孩子善于给予、懂得感恩的品质。

关于"给予"和"感恩"的内容我们在第七、第八章做了详细的叙述，这里不再赘述。

4. 让孩子爱上音乐、运动或一切有意义的户外活动

听音乐可以让孩子非常快乐，现在很多家长在孩子出生前就已经开始用音乐做胎教，这一做法其实是有作用的。做过音乐胎教的孩子普遍个性更温暖、专注力更好。爱因斯坦就非常喜欢听莫扎特的音乐，对莫扎特的音乐很着迷，甚至有心理学家说是莫扎特的音乐给了爱因斯坦创造力。当然，要选择能让孩子快乐且健康的音乐。

另外,运动能带给孩子非常大的快乐。孩子可以在运动中制定目标、获得赢的体验。赢的体验对孩子获得快乐同样非常重要。

同时,我们还可以选择在一些特殊的节日或者固定的家庭日中,跟孩子一起看电影、野餐、旅游等,在这些全家互动的时刻,共同享受美好的亲子时光以及生活的乐趣,让家里的每个人都能获得快乐的体验和幸福感,以及持续快乐的能力。

5. 做一个有快乐力的家长

《全国家庭教育状况调查报告(2018)》显示:"父母"居四年级、八年级学生最崇敬榜样的第一位,如图9-2所示。

> 四年级学生最崇敬的榜样排名前三位的依次为"父母""老师"和"科学家",人数比例依次为25.8%、22.5%、14.2%;八年级学生最崇敬的榜样排名前三位的依次为"父母""影视歌星或体育明星"和"历史名人或文化名人",人数比例依次为29.1%、14.6%、12.1%。
>
> 无论是四年级还是八年级,学生都视"父母"为自己最崇敬的榜样。

图9-2 四年级、八年级学生的崇敬榜样

学生都视父母为自己最崇敬的榜样,说明他们对父母持认可的积极态度,能够发现父母身上的优秀品质。

父母是孩子的第一任老师,与孩子接触时间最长。以父母为榜样,榜样是直观的、真实的、具体的、可亲近的,使孩子在情感上和心理上更容易接纳,更能引起共鸣。细微之处见精神,父母应该充分利用榜样的力量,从自身做起、从细节做起,给孩子树立良好的榜样,传递正确的价值观,为孩子创造良好的成长环境。

而做一个有快乐力的家长,会让你的孩子也成为一个有快乐力的人!**一个人的生命底色被快乐填满了,那他的一生也不**

会糟糕到哪里去。

最后给大家讲个小故事：

> 曾经有一个人，为了得到无尽的快乐，不惜跋山涉水历尽艰辛地去找快乐藤。他吃了很多苦，终于来到了武当山，并在险峻的山崖上找到了快乐藤。
>
> 可是，得到快乐藤之后，他并没有获得预想中的快乐，反而感到一种说不出的空虚和失落。
>
> 这天晚上，他来到山下的一个山庄，来到一位老人家里借宿。在老人的门前，他对着皎洁的月光发出了一声长长的叹息。老人闻声而至："小伙子，是什么让你这样叹息呢？"
>
> 于是，他说出了心中的疑问："为什么已经得到快乐藤的我，却没有得到快乐呢？"
>
> 老人一听，朗声笑起来，说道："小伙子，你不要迷信武当山，其实快乐藤并非这座山才有，而是每个人心中都有。只要你有快乐的根，无论走到天涯海角，都能够得到快乐。"
>
> 老人的话让年轻人耳目一新，就又问："那什么是快乐的根呢？"
>
> 老人说："快乐的根，就是一颗追求快乐的心！"

所以，快乐不是一个抽象的字眼，它是有一定外在表现形式的。快乐也不是强加来的，而是发自内心的。你给孩子的心里种下快乐的根，孩子就能长成一根快乐的藤，甚至长成一棵快乐的、能带给别人一方荫凉的参天大树。

第十章

信任
——要相信"信任的力量"

不相信任何人的人,知道自己无信用。

——奥尔巴赫

关系破裂的开始是不信任

很多人常常苦恼人际关系难处理,但你是否留心过:所有关系的破裂是从什么时候开始的?夫妻感情开始破裂,同事关系开始破裂,孩子跟父母的关系开始破裂,甚至所有人与人之间关系的破裂,其实都有一个起始点,这个开始的点就是不被信任。

当孩子感觉到父母不相信自己,当你感觉到爱人开始怀疑自己,当下属感觉到上级不信任自己……但凡这样的时刻,一个人的心就会慢慢离开。当一个人的心离开之后,紧接着人的身体也会想离开那个环境,因为我们每个人都不能长久地生活在一个没有人信任自己的环境里。

父母对孩子的不信任会导致孩子失去自信,还会破坏亲子关系,让孩子渐渐变得自卑,认为自己没有存在的价值。

《全国家庭教育状况调查报告(2018)》显示:四年级和八年级学生认为,家长经常在孩子面前出现的不良行为表现中,位居第一的是"答应过孩子的事情做不到",即"不讲信用",如图 10-1 和图 10-2 所示。

而他们最不喜欢父母做的事情是什么呢?是"父母不信任我",有 63.5% 的孩子给出这个答案,位列第一。

当孩子感受到父母不值得信任,且父母也不信任自己的时候,孩子会怎样呢?

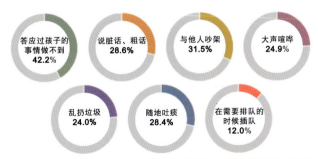

图 10-1　四年级学生的家长经常在孩子面前出现的不良行为表现

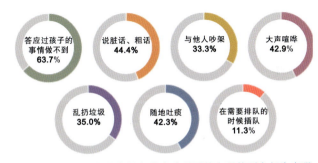

图 10-2　八年级学生的家长经常在孩子面前出现的不良行为表现

他会发现自己做什么都没有用,也没有动力去做任何的事情。

信任是什么呢?

信任是我相信你:我相信你是诚实的,我相信你是可信赖的,我相信你是正直的,我相信你是优秀的……我相信你配得上所有美好的词汇,我相信你是值得我爱你的! 这份信任对一个孩子来说,是他生命的基石。

可悲的是,大多数父母都没有意识到自己不经意间流露出来的对孩子的不信任,其实给了孩子最大的伤害。在百加青少年班,就有很多孩子向我吐露过这样的心声。

不信任的两个表现

1. 不信任的第一个表现就是怀疑

家长常常从语言里不经意地流露出对孩子的各种质疑,包括孩子说话的真实性、孩子的自觉性、孩子的智力等各方面。从某种程度上来说,这样的质疑是对孩子极大的否定与伤害。比如:

"你怎么还不去做作业?"

——你其实是在怀疑孩子的自觉性,你自以为是地认为孩子不会自觉去做作业。

"跟你说多少遍了,你怎么还这么磨蹭?"

——你其实是在嫌弃孩子动作慢,或者是想表达"你总是这么笨"的意思,甚至是在怀疑孩子的能力。

"今天你做了什么,我不问你,你不打算说实话,是吗?"

——你其实是在怀疑孩子的品格,你把孩子定义成了一个谎话精或者不诚实的孩子。

"你怎么这么懒?"

——你其实已经认定了孩子是懒惰的。

"你觉得你是那块料吗?就你这成绩?"

——你其实是在质疑孩子进步的可能性,同时否定了孩子的未来。

当你怀疑孩子没有自觉性的时候,孩子会觉得"我就是一个自觉性很差的人";

当你怀疑孩子动作慢、能力差的时候，孩子会认为"我就是一个又慢又笨的人，就是一个快不起来的人"；

当你怀疑孩子的品格时，孩子会认为"既然你都这么认为我了，那我还不如就撒谎好了或者承认自己撒谎好了"；

当你认定孩子是一个懒惰的、习惯偷懒的人时，孩子就会觉得"我是没有用的，我是没有价值的"；

当你质疑孩子可以进步的能力时，孩子也会从内心开始变得不自信。

孩子都是通过他人对其投射的言行和评价来认知自己并判断自己的价值的，如果家长长期用不信任的语言和孩子交流的话，孩子的内心就会逐渐失去成长的力量，是会让孩子痛苦的。如果孩子从内心失去了成长的力量，那么孩子的未来也不会很出色和精彩。

作为父母，我们平时都要注意自己的语言和行为，不能因为自己的焦虑或其他情绪就口不择言，更不要用不经意的语言或行为习惯毁了自己的孩子。

2. 不信任的第二个表现就是焦虑和不安

还有一些不善言辞的家长面对孩子让自己不满意的种种表现，嘴巴不说，但心里很着急、很焦虑，并且把担心和焦虑呈现在了脸上，比如皱着眉头、极不快乐、忧心忡忡等，而这些情绪是会被孩子感受到的。

很多时候，孩子学习不好或者遇到困难就退缩并不是学习本身或困难本身带来的压力所致，而是父母的焦虑、不安放大了孩子对学习和失败的恐惧所致，这相当于从内心限制了孩子的成长和能力的提高。因为孩子感受到家长不相信他，于是他也不敢相信自己。

很多青少年时期的孩子，包括我们自己在青少年时期，都有这样的感受：嫌自己的父母太爱唠叨、太啰唆了！于是这个时期的孩子都不太爱和父母交流，总是躲得父母远远的，有的还希望自己快点长大、快点考大学，最好考远一点，或者长大了赶紧去外地工作，尽量离父母远一点。与其说孩子是为了远离父母唠叨，不如说孩子是为了逃避父母的焦虑，不想自己也生活在这样焦虑的情绪里。

> 有个母亲，她的儿子上大学三年级了，从国外回来，陪她去超市购物。十分钟后两人走散了，母亲立即开始打电话寻找儿子。电话打了好多次都无人接听，这个母亲就开始焦虑不安和紧张起来。
>
> 于是她立即去找保安，跟保安说："我的孩子丢了！"
> 保安问她："你的孩子多大了？"
> 她回答："20岁了。"
> 保安笑了："一个20岁的孩子都成年人了，不会丢的。"
> 她说："我打了好多电话，他都没接！"
> 保安说："他现在在购物，人多嘈杂，他可能在试衣服没办法接电话，也可能压根没听到。您不用着急，我保证10分钟之后您的儿子会主动联系您的！"
> 果然，不到10分钟，她的儿子就打电话来找她了。

仅仅是这样一件小事，这个母亲居然会选择找保安帮助自己，显然这个母亲太过焦虑，或许她自己都没有意识到自己的状态不正常。类似这种过度焦虑和不安的情绪，其实对孩子的成长是有很大的破坏性的。试想一下，如果上述例子中的儿子知道自己的母亲一刻看不到自己就焦虑成这样，这位20岁的年轻人的压力会有多大？

如果你的孩子常常对你说"我已经长大了""请您不要这样，我已经是个大人了"这样的话，你就要试着多关注自己，关注自己的内心和情绪，并做适当的调整。下面再跟大家分享心理学里一个著名的理论——超限效应理论。

超限效应

有一个著名的故事：

> 马克·吐温听牧师演讲时，最初感觉牧师讲得好，打算捐款；10分钟后，牧师还没讲完，他不耐烦了，决定只捐些零钱；又过了10分钟，牧师还没有讲完，他决定不捐了。在牧师终于结束演讲开始募捐时，过于气愤的马克·吐温不仅分文未捐，还从盘子里拿走了2元钱。

这种由于刺激过多、过强或作用时间过久而引起的心理极不耐烦或逆反心理的现象，就是超限效应。

超限效应在家庭教育中时常发生。例如，当孩子偶尔没考好时，父母会一次、两次、三次，甚至四次、五次地重复对一件事做同样的批评，使孩子从感到内疚不安到不耐烦，最后变为反感和讨厌。被"逼急"了，就会出现"我偏要这样"的反抗心理和行为。**因为孩子一旦受到批评，总需要一段时间才能使心理恢复平衡，受到重复批评时，他心里会嘀咕："怎么老这样对我？"孩子挨批评的心情就无法恢复平静，反抗情绪就高亢起来。**

可见，家长对孩子的批评不能超过限度，应对孩子"犯一次错，只批评一次"。如果一定要再次批评，那也不应简单地重复，要换个角度，换种说法。这样，孩子才不会觉得同样的错误被"揪住不放"，厌烦心理、逆反心理也会随之减弱。

对于孩子的表扬也不能太"廉价"，否则也将导致超限效应。有些父母认为，多批评不好，应该多表扬。其实不然，这里也有一个限度的问题。父母对孩子的表扬过多，而且有许多是有意拔高的，孩子就会认为父母是在哄自己，名义上表扬，实则是让自己注意这些方面，这分明是不信任自己。于是，孩子一听到表扬就大为恼火。

当然，超限效应不仅由父母语言的啰唆和重复导致，还表现在对孩子的要求过高，给孩子过大压力等情况中。父母在家庭教育的任何方面都应注意分寸，如果过度就会产生超限效应；如果不及，又达不到既定目的。因此一定要掌握好分寸，只有恰到好处，才能避免物极必反、欲速则不达的超限效应。

有位学者说过："一万个空洞的说教，不如一个实际行动。"很多时候，过于冗长的讲话不仅达不到预期效果，反而会适得其反。人接受任务、信息、刺激时，存在一个主观的容量，超过这个容量，人就不愿意认真对待这些任务了。因此，当向孩子讲述某个知识、道理以及布置任务时，在时间及任务数量上要注意不能超过孩子可接受的限度,否则不仅达不到教育的初衷,而且会适得其反。

信任与爱能让奇迹发生

心理学中有一个著名的理论——罗森塔尔效应理论。

> 有一次,心理学家罗森塔尔到一个学校里做完调查后,拿出一个名单并告诉班主任,这个名单上的学生很有发展潜力。几个月后,一个神奇的现象发生了:名单上的学生进步很快。然而没有人知道事情的真相是,这个名单是罗森塔尔从学生名册中随便选出来的,根本没有科学依据,但是却让名单中的学生有了莫大的改变。

这就是著名的罗森塔尔效应,又叫期望效应。它揭示了教育过程中的一种心理现象:实验者向老师提供某些学生有极好发展潜力的假信息,引发老师对这些学生的期望,从而对他们表现出特别的关注。学生领会到老师对自己的期望,受到激励,因而更加刻苦、努力地学习。结果,孩子的智力和学习成绩就会得到大幅度的提高。

上面的例子告诉我们,真诚的期待和不懈的努力终会结出预期的果实。老师平时要对学生充满信心,寄予厚望,这种真诚的期望会成为学生发展的动力。

这一效应对家庭教育同样适用。对孩子的信任,会在多方面起到积极作用。如果父母与孩子之间能建立一种信任关系，孩子更容易有优秀的表现。

陶行知先生曾经说过："教育孩子的全部秘密在于相信孩子和解放孩子。"

> 李雷是一名很聪明的高中生，但就是太调皮。在学校的表现也不尽如人意，逃学、打架、考试不及格已成了家常便饭，父母对他很失望，高二时还常挨父亲揍。
>
> 李雷自己也经常不服气，内心很不平静：为什么爸爸妈妈对我的态度如此不好？如果考试考好了，爸爸妈妈会不会改变对我的看法？
>
> 一天，李雷偷偷拿走了老师办公桌上的模拟试题。于是那次考试，他终于及格了，还考到了全班第二名。
>
> 同学们怀疑他，觉得他考试作弊了。但是，班主任却很信任他，并在家长会上公开表扬了他，说他聪明，只要刻苦努力，就一定会取得更辉煌的成绩。现在高二这个关键时期，如果他发奋图强，父母监督，多方一起努力，他一定能考入一所好大学。老师终于认可他了，爸爸妈妈终于重新燃起了对他的希望，同学们终于真心鼓励他了，但是当周围掌声响起的时候，李雷却趴在桌上哭了。
>
> 他感动，因为这是他升入高中以来，第一次得到老师的表扬；他内疚，原来父母不是不在意他，而是不知道如何激起他的斗志……
>
> 为了对得起班主任的信任，为了让爸爸妈妈从内心对他改观，李雷开始努力背单词、做习题、写作文……天天刻苦

学习到深夜，和之前相比，完全换了一个人。

高三时，他的成绩一跃成为全班第一，顺利升入北京师范大学。

正是班主任的信任，彻底改变了李雷的一生，并最终创造了奇迹。

在现实生活中，孩子犯错，一旦被父母发现，心中也会感到内疚，如果父母继续追究过错，孩子就由内疚转变为抵触。相反，如果家长采取信任的态度，就会进一步诱发孩子改正错误的决心。

信任的力量有多大？没有人能够用金钱买得到，也没有人可以用利诱和武力争取得到。

信任来自一个人的灵魂深处，是灵魂里的清泉，它可以拯救灵魂，让心灵充满纯洁和自信。唯有信任，才拥有这种力量！也唯有信任一个人，这个人才会朝着被信任的方向成长。那么面对孩子的时候，我们该如何让孩子感受到父母对自己的信任呢？

如何让孩子感受到父母的信任

1. 小心和谨慎地使用你的语言

如果你的语言不经意间带给孩子的是怀疑、焦虑或不安的时候，孩子心中就会深深地感受到不被信任。所以你的语言一定是正向的、有鼓舞性的、积极的，这点很重要。什么样的语言才算正向的、有鼓舞性的、积极的语言呢？给大家举个例子：

如果你对孩子说"我相信你这次考试一定可以考好，但是你需要更努力"，看起来这句话很有正能量，可是孩子如果只听到第一句的话，那么他接收到的信息是"我一定行"，可是你后面的一句"但是你要更努力"让他最终获得的信息是"你其实怀疑我会努力"。所以正向的、有鼓舞性的、积极的语言是需要学习的，每一位家长都需要在生活中学习。

有一句名言："哪怕世上所有的人都看不起我们的孩子，做父母的也要眼含热泪地欣赏他、赞美他，为自己创造的生命而自豪！"

> 童欣，在微软亚洲研究院中，曾以负责任而著名。
>
> 他小的时候，有一次在学校犯错后，妈妈甚至没有责备他，而是看着儿子惊恐的眼睛，语气温和地说："这件事情已经过去了，你过去是一个好孩子，以后还会是一个好孩子。"
>
> 后来，童欣感慨地说："那个晚上，妈妈给了我最好的礼物，让我一辈子都受用不尽。"

2. 言行一致地信任你的孩子

首先，平时除了关心孩子的生活外，家长要多了解孩子的所思所想、所需所求，要把孩子放在与自己平等的地位，不要总认为孩子太小，什么事都不懂，任何事情都需要由家长决定及包办代替。放手让孩子真正独立地去行动，而不是在你的控制之下做事情。也许他会做错、会搞砸,但是我们要明白,那是一个人成长的必经之路,也是成长路上必须付出的代价,我们只能相信他,使他也相信自己,进而依靠自己的力量把事情做好,这也是孩子生命的真正价值所在。我知道,做父母的要做到放手很难,因为这其实是在挑战父母的恐惧、勇气和父母自己的内在力量,父母只有战胜自己,自己变强大了,孩子才能更强大。想想每个人第一次学自行车的经历,一开始都有家长扶着,然后等孩子对自行车熟悉之后,家长悄悄放手,孩子就自己学会了骑自行车,不是吗?每个孩子蹒跚学步也是从父母放开手诱导孩子迈步开始的,所以,孩子成长的第一步是父母懂得放手。

其次,家长遇事要与孩子多商量、多沟通,真正让孩子感觉自己是家庭中的重要一员。

最后,在学习上也要尊重孩子,不要将自己的爱好、愿望强加给孩子。孩子从父母那里得到爱、尊重和理解,反过来也会尊敬、爱戴父母。家长只有走进孩子的心里,才能够真正理解孩子的真实想法,才不会用成人的思维定式去理解孩子。

3. 做值得孩子信任的父母

信任是双向的,你要信任孩子,也要值得孩子信任。因此家长的言行要一致,要给孩子树立守信的榜样。前文提到《全国家庭教育状况调查报告(2018)》显示了家长经常在孩子面前出现的不良行为表现中,位居第一的是"答应过孩子的事情做不到",这其实很值得家长们检讨和反思,因为毕竟身教重于言教。曾子杀猪的故事就是典范。

> 曾子的妻子要出门，孩子非要一起去，曾子的妻子就哄孩子说："如果你留在家里的话，回来就杀小猪给你吃。"
>
> 曾子知道后，果真把小猪杀了，并且很严肃地对妻子说："在孩子面前一定要守信，要说到做到。这样的父母，孩子才会信任。"

孩子成长的同时，父母也应该成长，各位父母不妨学着放下控制、放下焦虑、放下不安、放下怀疑……让自己学着信任，学着相信"信任的力量"！这世上每一个孩子都值得信任，每一个孩子都有自己潜在的力量。

相信你的孩子吧，他是值得你骄傲的好孩子！

第十一章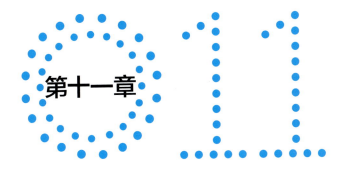

选择
—— 选择是一种能力，它比努力更重要

社会犹如一条船，每个人都要有掌舵的准备。

——易卜生

选择与选择权

选择是一个动词，指挑选、选取；也可以是一个名词，指某人或为某人做的决定、抉择等。

选择权是指一个人面对世间万物或者在一件事情面前可以挑选或者做决定的权利，即一个人在面对各种人、事、物的时候，可以根据自己的意愿和喜好以及自己的知识、经验、判断来决定选或者不选，他完全可以自己做决定。每个人都有选择权。

选择是一个结果。大部分人常常以为，不选择就代表没有做出任何选择，事实上"不做选择"也是选择的一种。 比如，表面看你没有做选择，其实你只是做了一个"不做选择"的选择，或者说你做的选择就是"不做选择"。当我们做了"选择一个结果"的选择的时候，我们就需要为这个结果付出相应的代价；当我们做了"不做选择"的选择的时候，也会出现一个需要承担"不做选择"的结果，也需要为这个结果付出相应的代价。我们要为选择的结果负责任，同样要为不做选择的结果负责任。

每一个选择都在创造属于我们自己的人生，虽然我们无法预测最后的结果，但每一个当下的选择都在决定我们的未来。任何一件事情，我们可以选择快快乐乐地去做，也可以选择痛苦地去做。换句话说，快乐是一种选择，痛苦也是一种选择。快乐与痛苦都是一种选择，代表你对人生的态度和对生活的态度。

人生是由一连串的选择与决定累积而成的,每一个看起来微不足道的小选择,都在决定我们的未来。我们现在遇到的所有情况,都是过去选择的结果。工作的选择、感情的选择、友谊的选择,决定了我们的人生,我们的人生就是自己选择的结果。

选择是自由,更是一种能力

已故以色列前总统佩雷斯的妈妈每天会问儿子两句话:"你今天向老师提了什么好问题"和"你今天讲了什么让同学印象深刻的话"。

在中国,我在校门口听到最多的两句家长问话却是"今天吃了什么"和"今天考试得了多少分",家长们选择问题的差距之大可见一斑。每天的问题昭示了发问人时刻关心的内容,关心什么,就意味着其所选择的培养目标及成品规格是什么。佩雷斯的妈妈培养了诺贝尔和平奖得主、以色列总统佩雷斯,而许多只关心吃啥的家长培养出了小胖墩,只关心考分的家长培养出了考试机器。

其实,每个人对每天的大事小情都要做选择,同时我们也时时刻刻都在有意无意地做着各种选择。所以,有了孩子后,父母一定要注意自己的日常行为,一句问话、一个动作等每个细节,都体现了自己的选择。

"目标是什么""你能得到什么"等问题的结果或答案关键都在于选择。"鲁迅如果不选择写作,这个世界就少了一位著名作家,而多了一个无足轻重的好大夫。"

选择是一种能力,甄别、取舍的结果都是选择。不管是有意还是无意,也不管是随意还是刻意,人世间所有的事情都是选择的结果。

选择是一种能力。只有之前做了大量的练习并积累了足够经验的人,他们在后续生活中所做的选择才能如己所愿。

培养孩子选择的能力更重要

"选择比努力更重要",几乎所有人都听说过这句话,但知道怎样做选择的人却寥寥无几。

上大学的时候,国家才刚开始推行房地产市场化,大多数地方的房价还没有开始涨价或者刚刚开始涨价。记得当时上大二,一位任课老师讲他的同学在北京三环附近买了房子,1平方米六七千块钱,还后悔买得晚了,再早两年1平方米才四五千块钱。而同期大多数人还停留在计划经济等待公司分房的理念中,不愿意购买商品房,从而错过了依靠不动产实现资产增值的好机会。

后来大学毕业参加工作,当时中国才刚刚加入世贸组织。

> 在海外驻点工作的人还很少，很多人对国外的认识基本上停留在新闻报道里，特别是对一些条件艰苦的地方多持抵触的态度，不愿意出国工作。有一部分同学看准了加入世贸组织初期的国际发展趋势，主动申请到海外工作。这部分同学不仅获得了高于国内数倍的工资收入，同时受益于公司海外业务的快速扩张，成为各自领域在海外某一国家或者地区的负责人。而同期选择在国内工作的同学基本还处于各自领域的基层岗位。

孩子的成长过程中，有太多场合需要孩子自己做出选择。大的层面有人生规划、专业方向的选择，大学毕业后是就业、考研、出国或创业的选择；小的层面有选修课的选择、是否参加学生活动的选择；毕业后有就业单位、买房的选择……面对如此之多的选择，为了少走弯路，每个孩子都需要具备一定的选择能力。

那些能在人生重大转折点上做出正确选择的"牛人"，正是因为他们之前有充足的机会让自己做选择练习，并且在各种选择上已经犯了足够多的错误。

如果缺乏对问题的选择能力，孩子们就只能不断利用"试错再改正"这套思路去做事情，如黄金一样珍贵的时间就会被浪费掉。随着年龄的增长，试错与修改错误的时间会越来越长，因为你每次试错的内容需要付出更多的时间才能得到检验。少年时期的孩子一年可以试错、修改好几次，随着年龄的增长，慢慢就变成一年只能试错、修改一次，然后就演变成几年才能试错、修改一次，如此算一下，人生给我们试错的机会真的不多。

如何培养孩子做正确选择的能力

1. 让孩子敢于做选择

选择报考文科还是理科？

选择考研还是工作？

选择跳槽还是留在老东家？

选择买进股票还是卖出股票？

选择先成家还是先创业？

面对人生旅途中遇到的种种抉择，我们每个人可以做出任何选择，但回过头来看，有的人选择就比较"正确"，而有的人似乎就走了一段"弯路"。

那些选择相对"正确"的人，往往很早就已经开始自主选择。他们自己选择跟谁交朋友、自己选择高考志愿、自己选择实习单位……在思想上，他们会刻意与父母保持一定的距离，以确定自己的独立性。

而那些走了"弯路"的人，往往因为他们之前的选择都不是自己的选择，比如父母和老师帮助选择的高考志愿，甚至父母帮助找的第一份工作等。很多时候，父母就是这样剥夺了孩子做选择的机会，以至于抹杀了孩子做选择的能力。

选择的能力要从小培养。如果家长从来都没有给孩子做选择和决定的机会，他又如何知道怎样去做选择和决定呢？所以要敢于把选择权还给孩子，让孩子首先敢于做出选择和决定，哪怕这些选择和决定不一定完全正确，但那是孩子勇气的来源，也是孩子经验积累的开始。

2. 像尊重上帝一样尊重孩子的选择

捷克教育家夸美纽斯指出："应当像尊敬上帝一样尊敬孩子。"然而现实生活中，父母往往喜欢为孩子设计理想。从孩子上小学开始，就一步步规划好了孩子的人生，甚至规划好了孩子以后要上哪所大学的什么专业。为此，父母不顾孩子的爱好和理想，强迫孩子按自己设计的轨道发展，如果孩子有一步没有符合自己的意愿，就全盘否定孩子的所有努力和成绩，甚至打骂孩子。作为父母，望子成龙、望女成凤的心理无可厚非，但是为了孩子能按照规划好的路线发展，而给孩子过大的压力，结果让孩子不堪重负而走向极端，就太让人感到遗憾了。

父母在做某些决定时，必须首先征求孩子的意见，尊重孩子的理想，进而理解孩子的理想，了解孩子的真正需要。即使孩子的理想与父母的设计产生偏差，也要平静地与孩子沟通，在尊重孩子的理想和选择的基础上，通过商量与探讨，让孩子充分理解父母的想法,然后再把选择权交给孩子。同时还要注意,父母不要在孩子树立理想的初期给孩子太多的压力和警示,这样很容易打击孩子的积极性,让孩子轻易放弃自己的理想。正确的做法是鼓励孩子树立理想,并为理想而努力。

人生就是一系列选择的结果,我们所做的选择都是为自己而做的。所以除了生死攸关的事情,都要尽量让孩子自己做选择和决定。

3. 让孩子承担做出选择后的后果

我有一个女学员,她一直为她儿子的头发生气。她总觉得 11 岁的男生,不应该留太长的头发,因为她觉得男生留长发显得很不阳光。其实这真的是一件很小的事情,完全可以让孩子自己来决定。头发是孩子的,如果他连自己的头发留多长都不能做决定,以后他就不会再为其他的事情做决定,也不会为很多事情去负责任。长此以往,长大参加工作后,也不会积极、主动地挑大梁,因为他已经习惯了不用负责任、听领导的就好。

所以在孩子成长的过程中,关于他穿什么衣服、留什么发型、喜欢吃什么水果、有什么爱好、喜欢去哪里玩……这一切都可以给孩子空间,让孩子自己来做选择和决定,甚至还要主动引导孩子自己做决定。因为这是对孩子的选择能力的锻炼。

不用担心孩子做出的决定可能会出现差池。比如,很多家长叫孩子多穿一点,结果孩子选择了自己认为最好看但不够保暖的那件衣服,然后就感冒了;让孩子自己做主选择旅游时间和地点,结果天气不好、路上堵车、景点一般;孩子自己选择了当美术特长生,结果他的成绩其实可以上理工科大学,将来可以上父母心仪的学校……父母们要明白：让孩子承担做选择和决定后的一些不完美结果，是孩子成长的必经之路。因为只有这样，孩子才能学会如何调整自己的选择：原来我在这样的天气里这样穿衣服会感冒，原来旅游之前需要做很多方面的攻略，原来就算放弃一流的理工科大学我也无怨无悔，因为我热爱绘画，等等。正是在这样的自我对话与总结中，孩子完成了自我认知经验的积累，以后的选择和决定才会越来越正确，或者说越来越接近孩子自己的理想未来。为了培养孩子做选择和做正确决定的能力，父母需要让孩子去承担这些结果。所谓挫折教育，就是让孩子去经历自己做决定后的挫折。只有这样，人才能成长。

> 儿子很小的时候，我就引导他以后要去美国留学。因为我的父母、弟弟等家人都在美国，我在美国的亲人可以为他提供很好的帮助，我们为这件事情做了很多准备。可是最终儿子的决定是去英国！
>
> 那个国家我不熟悉，也没有亲人朋友，我内心很不放心，但依然选择尊重儿子的决定。后来证明我做的这个决定是正确的，因为他在英国遇到了一系列的挑战，并一一战胜了！比如，刚去英国的时候考试不及格，还常常要重考三四科。可是他一直努力坚持，他选择了为自己的选择负责任。最后，他用两年的时间考上了英国著名的巴斯大学。他的故事成了他曾经所在中学的励志故事。

自由的选择是力量的源泉，有自由选择能力的人才会真正具备创造力。我们都期待自己的孩子可以发挥出他的天赋,长大之后有更高的成就。如果孩子的天赋和创造力因为我们的干预和限制而被束缚,那就太可惜了!

试着去尊重你的孩子,尊重他的选择,然后去培养孩子选择的勇气和能力,培养孩子为自己的选择负责任的勇气和能力。

第十二章

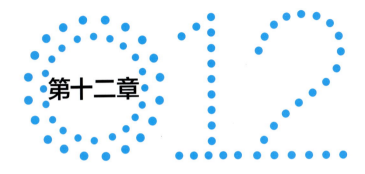

规则
——遵守规则是保护自己的起点

不以规矩，不能成方圆。

——孟子

Q: 什么可以确保一个人不犯大的人为错误？

A: 遵守规则。

灾难往往由规则被破坏导致

什么是规则？

规则，是运行、运作规律所遵循的法则，是规定出来供大家共同遵守的制度或章程。更多的时候，规则是为得到每个社会公民的承认和遵守而存在的。

提到规则，总有一些人会对它心存反感，感觉自己的自由受到了限制，感觉很不自在、很不舒服。但其实规则是很美好的，规则之美不是让人失去自由，而是可以保证人的自由。但凡有群体生活的地方就需要有规则来限制和约束，诚如家有家规、司有司规，甚至连两三个人共同工作的科室或班组，也要有起码的行为规则来加以制约、疏导和规范。

很多灾难往往是因为藐视规则、破坏规则造成的。人类破坏环境与地球的生存规则，就会带来海啸、雾霾、沙尘暴等自然灾害；有人破坏交通规则，就可能有人命丧车轮；游客想逃票翻越围栏，就可能掉进虎园被老虎袭击。现代社会依赖一套严密的规则运行，如果破坏了规则，其后果将无法预知。规则体现在生活的方方面面，没有规则的活动是恐怖的。给大家分享一位女士的自述：

我每天步行上下班的途中，都会经过几个安装有红绿灯交通标识的十字路口。正常的天气和白天上下班的时间里，绝大多数人都能够自觉遵守交通规则。可每当遇到下雨、下雪天气或是夜幕笼罩、行人稀少时，遵守交通规则的人就不多了。

那天，我走在去往单位的路上，阴沉的天空忽然下起了滂沱大雨。因为急着上班，我并没有像其他行人那样临时避雨，而是继续加快脚步前行。大雨中，我走到一个十字路口。红绿灯按照程序在平静而有节奏地变换着。看着斑马线对面的红灯亮着，我停下了脚步。这时，东西、南北方向的过往车辆和行人都很稀少，仅有的几位冒雨前行者无视红绿灯的存在，毫无顾忌地飞奔着抢行。

我仍旧站在雨雾中擎伞等候着绿色信号灯的到来，这与那些善于"审时度势、见机行事"的人比起来，显得很不合时宜。恰在此当口，一个骑着自行车披着红雨披的中年女子从我身边擦过，骑上了斑马线。

就在红色信号灯即将熄灭、绿色信号灯即将闪亮的刹那，

> 左侧路口处突然拐入了一辆红色出租车，这辆车猛地将那个骑车的中年女子撞倒，那个女子在倒下的瞬间被甩出了很远……这一幕惨剧发生得那么突然和急促，令人窒息和惶惑。
>
> 　　因为着急上班，我没有时间探知后面的情况，只看到那个出租车司机在惊慌失措地打电话……

无视交通规则的人，果真就忙得连几十秒钟都不能等待吗？当做出抢行选择的那一刻，是否想过或许就会因为这一次的草率妄动而再也看不到家里暖洋洋的灯光，再也听不到亲人温暖的叮咛？所有的梦想、期待和责任都会因为一个简单的不在意而灰飞烟灭……

遵守规则也许会让我们付出一些代价，但是如果不遵守规则，或许会让我们付出更大的代价。因此，遵守规则是保护自己的起点。

规则之美

我很喜欢站在一个城市的天桥上，观赏夜晚的车灯。来来往往的汽车长龙都按照次序行进，特别美！车灯的背后是遵守规则的人。

> 　　一位美国教师带学生参观博物馆。老师要求学生在参观的过程中始终把手放在口袋里，并宣布：凡在参观的过程中将手

拿出来的同学，不管是否触摸过东西，都将被中止参观。在整个参观过程中，孩子们的手始终放在口袋里。

显然，逾越规则是不被允许的，因为我们的自由绝对不可以影响到他人的自由。上例中，学生们在规则允许的范围内，井然有序地参观和学习，均有收获，可以想象那个场景是多么安宁和美好！

这就是规则之美！

对规则的崇尚与坚守，就个人而言，是一种良好的习惯；对学校而言，是一种良好的校风，显示出教育的境界；对一个国家而言，就是一种良好的社会风尚，彰显的是一个国家的国民素质与尊严！

我去过很多国家，给我印象最深刻的是以色列。这是一个曾经发生战乱的国家，但他们的民众在生活点滴之处打造出来的仪式感很打动我。他们在吃饭前后、走路、见面礼仪等方面都很讲究，显示出他们从小就受过规则训练。其实以色列文化是由犹太教和犹太人数千年来的历史经验交织形成的，各种规则不比任何国家少，但是这个国家的艺术创造力令世界瞩目。位于特拉维夫大学校区的大流散博物馆相当知名，许多城镇还建有艺术村。20世纪90年代前后，以色列接纳了100万来自世界各地的犹太移民，其中大多是文化程度甚高、充满创投精神的高科技人才。在科技和人才带动之下，加上2004年以后的一系列市场改革，以色列经济一日千里。全球顶尖企业，包括英特尔、IBM、微软、惠普、雅虎、Google、升阳微系统，在以色列都有研发中心。在纳斯达克挂牌的以色列企业包括全球最大的药厂 Teva，以色列最大的企业、全球网络安全产品巨擘 CheckPoint 软件科技公司，以及著名的国防承包商 Elbit 系统。

所以，**规则并不会让人失去自由，遵守规则的人反而可以获得更多的自由，也包括心灵和智慧发展的自由。**

当我们的孩子从小学会遵守规则，并把遵守规则变成一种习惯的时候，这一习惯就会成为孩子人生的修养；这一修养再上升一个层面，就形成了孩子的道德观；再上升一个层面，就会成为孩子的人生原则。当一个人以遵守规则作为自己的人生原则的时候，他的人生是可以真正屹立不倒的！

德国的效率管理大师克劳德博士给我们上 TEMP 课程的时候，他的西装口袋里始终装着一个小便签，上面写着他的一些人生原则，比如"我是一个诚实的人""我要真诚待人"等。正是因为他一直恪守着这些优秀的原则，他的人生才变得如此智慧和成功。

如果我们的孩子也学会了遵守规则，将来他们也会拥有自己的人生原则和在规则之下自由生长出来的智慧与才华。

制定规则的四要点

训练孩子遵守规则至关重要。要遵守规则，首先要制定规则。如何制定规则呢？以下四个要点供各位家长参考。

1. 规则要明确

比如，家长只要求早点儿睡觉，孩子一定不知道要怎样遵守，因为孩子并不明白什么叫"早点儿"，也不明白"早点儿"是指几点。如果家长规定晚上十点钟要睡觉，孩子就可以明确遵守。又如，家长要求孩子少玩游戏，孩子并不清楚怎样才算少玩。如果明确每次只能玩半小时或者40分钟游戏，孩子就知道该怎么做。所以，规则一定要明确。

2. 规则不能朝令夕改

比如，今天要求孩子晚上十点前睡觉，下个星期又允许十一点睡觉，再下一次又要求孩子必须在十点半睡觉，这样会导致孩子不知道到底要遵守什么样的时间规则。

3. 和孩子共同制定规则

在百加青少年班，孩子投诉最多的一条就是：父母一言堂，什么都是他们说了算，自己一点都不被尊重！很多父母的困惑则是：我都是为了孩子好，孩子为什么要反感。其实那是因为家长没有和孩子共同制定规则，更没有共同商量规则的内容。

无论多大的孩子，都需要被尊重，只有孩子参与了做决定，他才有主人翁的感觉，也才会真正去遵守规则。凡事主动与孩子多商量，多与孩子沟通讨论。比如家长可以问孩子"你觉得可以看多长时间电视""你觉得可以玩多长时间游戏""你觉得吃饭需要多长时间""你需要多长时间做完作业，以便我们可以一起出去玩"……各种大小事情都给孩子一部分做决定的权利。家长与孩子共同讨论、共同制定规则，这是孩子愿意执行规则的关键。双方都觉得这个规则比较好且达成了共识，孩子才会心甘情愿、发自内心地接受和遵守。因为这个规则是在双方沟通、商量且彼此尊重的情境下制定的。在这个过程中，孩子体验到了被尊重的感觉，他会感觉自己有选择的权利，他感觉自己也是规则的制定人。如果孩子能感受到家长的民主，他们的内心就是愉悦的，也会愉悦地接纳规则。这一点至关重要。

4. 规则中要包含奖惩规则

为什么规则执行不下去？那是因为做到了没有奖励，做不到没有惩罚，这样就失去了制定规则的意义。所以在制定规则时，家长和孩子还要共同把奖励和惩罚的规则都明确下来。这里要提醒的是：奖励最好让孩子自己提出来，如何奖励要与孩子商量。惩罚也是，要让孩子自己提出惩罚方案，家长和孩子共同商量，达成一致。比如，原本我们计划有一天要去郊游的，孩子在这件事之前需要完成哪些事情，如果没有做到，郊游的计划就会被取消……

切记，惩罚不能是骂或者打孩子。

建议家庭在以下三个方面设立规则

1. 设立孩子的作息时间

作息时间首先指晚上休息的时间，因为充足的睡眠对孩子的健康成长非常重要。其次是指做作业的时间。比如，用多长时间完成家庭作业、用多长时间做其他的活动等。我在美国进行教育考察时，一位母亲很自豪地告诉我：她有三个儿子，分别是 15 岁、13 岁和 11 岁，他们每天晚上九点半都会准时睡觉。这位母亲自己本身也非常优秀，硕士毕业于美国一所著名的大学，后来在一家大型公司做高管。但是为了孩子的教育，她辞掉了工作，专心陪伴他们成长，她给每个孩子都制订了非常合理的学习和成长计划。现在，三个孩子无论是在学习、生活还是业余爱好等方面，都养成了非常好的习惯。她本人也重返了职场，一切都在有序的规则中朝着目标前进。

2. 及时整理物品

从小养成好的习惯，及时把物品放回拿取的地方。

曾经有一对夫妇，太太对先生非常不满意。她说结婚十几年了，她的先生从谈恋爱开始就在找钥匙，经常不知道把钥匙放在哪了。过去还简单，可以轻松地把门撬掉，现在都是防盗门，不带钥匙开门就进不了屋，还多次麻烦警察帮忙，真的很受不了！

一个人如果没有从小进行物品整理训练，长大后，一件小事就可以让自己沮丧又狼狈，显得很不成熟，所以教孩子学会及时整理物品非常重要。在孩子很小的时候，就要开始训练他学会管理好自己的物品，让孩子从管理自己所拥有的东西开始学习管理自己的人生。

3. 待人接物有礼貌

有一次，我的一个外国朋友很奇怪地问我："为什么你们不习惯排队？"是的。排队等候其实是一个人有礼貌的体现，尊重别人，不在电影院里大喊大叫，不乱扔垃圾，这些都是非常重要的基本礼貌行为。如果孩子没学会这些礼貌规则,他将会失去很多朋友。

孩子小的时候,遵守作息时间的规则、整理物品的规则、礼貌的规则都是基本功,孩子养成这些好习惯会终身受益。

父母必须成为遵守规则的榜样

有一个学员的一家三口一起来参加我的关于亲密关系效能的课程,太太说她的孩子在吃饭之前总是要喝可乐,问我该怎么办。还没等我回答,她的先生就抢白说:"你吃饭前要喝可乐,孩子自然就会喝了!"

这就是榜样!父母和孩子就像照镜子一样,父母什么行为,孩子就会学习什么行为!不用我回答,其实他们已经找到了答案。

所有的规则,并不只是要求孩子遵守,父母遵守规则也非常重要。父母一旦破坏了规则,孩子也一定很难遵守。 比如,父亲经常抽烟,儿子就很有可能抽烟;父亲酗酒,孩子也很有可能会酗酒;母亲只爱打麻将,工作懒懒散散,孩子在学习上也不会很努力。所以,父母必须成为遵守规则的榜样,孩子才有可能遵守。父母养育孩子的过程,也是让自己变得更好的过程。

规则意识其实就是一个人文明程度的体现,是法治、法规意识的体现。不要对我们的应变能力有过高的指望,良好的习惯才是危机突然到来时,拯救我们的关键因素。**让孩子养成遵**

守规则的习惯，孩子会终身受益，而整个社会也将受益于规则意识的确立。

就像一个教育家所说："再也没有什么比规则更冷冰冰、硬邦邦、毫无人情的了，你不遵守它，它比老虎还要可怕；可当你遵守它，它就是你最坚实的盔甲和最温暖的外衣。"

所以，一定要让孩子养成遵守规则的好习惯。

第十三章

责任

—— 没有任何一个人能比自己更能为自己负责任

人生须知负责任的苦处,才能知道尽责任的乐趣。

——梁启超

责任与承担

孩子成熟独立的重要标志是懂得了自己的责任并开始主动承担责任。

著名的西点军校的校训是"责任、荣誉、国家",其中责任位于第一位!

什么是责任?

对责任的理解通常可以分为两个层面。一是指社会道德层面,个体分内应做的事,如家庭责任、岗位职责等。二是指没有做好自己工作时,应承担的不利后果或强制性义务。成语"责无旁贷"就是指自己的责任不能推卸给别人。强调了个体对分内之事需要承担的责任。

责任心就是关心别人,关心整个社会。

爱默生说过:"责任具有至高无上的价值,它是一种伟大的品格,在所有价值中它处于最高的位置。"我们每个人来到这个世界上,都会有很多身份和角色,从校园里的学生、老师到踏上工作岗位后的员工、领导,再到家庭中的孩子、家长、丈夫、妻子等。一路走来,不同的身份也被赋予了不同的家庭责任、工作责任和社会责任。一个没有责任感的人,注定会失去信誉和尊严,甚至失去社会的认可;而勇于负责的人,将会变得无比自信、坚强和勇敢,更加懂得如何关怀和理解别人,也更容易获得成功和荣誉。

第十三章 责任——没有任何一个人能比自己更能为自己负责任

什么是承担？

承指承受，担指担起来，承担责任并不容易。一根扁担，两个箩筐，里边装满了稻谷，要先把它承在肩上，站起来，才能朝前走。承担是要花力气的，是要用力量的。

从字面意思来看，承担是指承当、担当、担负，是指敢于担当起责任与义务。

一个人有无责任感可以体现出他的教养和品质，一个人是否有担当、是否敢于负责任也是他将来能否成功的重要影响因素。人们常说，"职位越高，责任越大"，是非常有道理的。我们每个人都希望自己能成为众人中的佼佼者，升职加薪也是每个职场人的理想，因为那意味着将拥有更多的财富和名望，能获得更多人的尊重，生活将拥有更多的快乐，人生也会因此迈向成功，也就更容易实现人生的价值。可是，我们在期盼自己获得升职加薪或期盼自己的孩子获得好成绩之时，不可忽略另外一项重要的因素，即责任。毫无疑问，变优秀的前提是我们要敢于承担责任。

那么，责任到底是什么呢？

责任其实是对自己身上所承担的使命或任务的忠诚，无论如何都不能够违背它。就像一个人，如果能全心全意地接受自己的任务，并尽心尽力地把它做到最好，那么就可以知道"责任"两个字究竟能够带来多大的力量了。

负责任就是承担后果

负责任就是承担后果。承担后果往往有两个方面的含义，一方面是承担起自己分内的事，然后使自己更加成熟和独立，为自己赢得一个美好的未来；另一方面是要承担做不到的后果，这对我们来说也是一种历练。

我们常常会看到"赢得起，输不起"的现象，就是指有的人在一些竞技比赛或者游戏中，赢时兴高采烈，甚至得意扬扬、骄傲自大，输时生气愤懑，甚至恶语中伤、拳脚相加。这种现象不仅表现在儿童或者青少年身上，还表现在一些成年人身上。这个问题应特别引起重视，因为"输不起"其实就是不敢承担后果，轻则选择逃避，重则还会因为承受不了其不想看到的后果而选择自杀，或轻或重都是比较危险的。

> 在百加青少年训练营中有一个小女孩，从小就是班干部，学习非常主动、认真，对自己的要求也很严格。如果考试没进前三名，就会更用功，下次一定要考到前三名才满意。但是，她完全受不得别人的批评。有一次，她上课回答问题时答错了，老师实事求是地指出了她的错误，结果，她当场就哭了。

这就是一个典型的"赢得起，输不起"的例子。可以想象，这样的孩子在长大后遇到更大的挫折时，肯定会崩溃。

再给大家举个例子。

茅侃侃，生于1983年，是一名电脑天才。他于12岁接触电脑，14岁发表文章、编写软件，19岁退学创业，被媒体誉为"80后创业标杆"，和李想、高燃、戴志康一起被称为"京城IT四少"。

2015年，茅侃侃出任万家电竞CEO。

2016年年底，赵薇、黄有龙试图以6000万元对价30.6亿元，用50倍的高杠杆入主万家电竞的大股东——万家文化。后来，这项交易被证监会否决，最终赵薇、黄有龙撤场，万家电竞陷入融资困境。

2017年8月，因万家电竞一直亏损，新东家祥源文化欲剥离这项业务，并要求万家电竞还钱。之后，茅侃侃一直靠抵押个人房产、车子或借钱来维持公司运营，共投入了2000万元。

2017年11月，茅侃侃和祥源文化沟通无果，万家电竞的现金流彻底断裂，公司负债4800多万元。

2018年元旦，茅侃侃发朋友圈："2017年失去了所有的所有，2018新年快乐。"

2018年1月25日凌晨，已经竭尽全力，但仍没有争取到足够的缓冲时间的茅侃侃，没有选择跑路，也不打算继续跟这个世界死磕到底，在家中打开煤气自杀，享年35岁。

当然，每个选择离开的人都背负了沉重的压力，以及他们认为竭尽全力也摆脱不了的困境。但他们如果就这样放弃了卷土重来、东山再起的机会，依然甚是可惜。人在社会上，有赢有输极其正常，有赢没输反而不正常了。

从小就应该教育孩子既要赢得起，也要输得起。

世界上没有一个工作不需要承担责任

人为什么要学会负责任？因为不负责任的后果很严重。

今天的市场竞争，从某种意义上讲，就是责任感的竞争！

过去很多企业的墙上常常有一句标语："责任重于泰山"，这绝不仅仅是一句口号，而是血淋淋的教训。因为工厂可能因为一个工人的责任心不够，操作失误而引发火灾，导致工厂失火使企业财产受损；如果有人没有责任心，不小心将烟头丢进了矿井，会导致矿井爆炸坍塌、人员伤亡；如果司机不把乘客安危放在心上的话，则会车祸频出，甚至车毁人亡；如果医生没有责任心，一个小小的细节被忽视，则有可能导致医疗事故……每一起人为的灾祸和事故背后，都是因为当事人的责任心丧失所致，世界上没有一个工作不需要承担责任。

曾子曰："可以托六尺之孤，可以寄百里之命，临大节而不可夺也。君子人与？君子人也。"说的就是，一个可以把幼小的孤儿托付给他，可以把方圆百里的国家命运寄托在他身上，面对生死攸关的考验也不会动摇和屈服的人往往是有担当的君子，其实赞扬的也是敢于承担责任的精神。在实际生活中，有责任感和敢于承担的人往往都是能有所建树的人，因为这样的人往往能赢得更多人的信任。

能力与责任的先后顺序

我们常常听到一句话:"能力越大,责任越大",其实从某种意义上来讲,这句话是错误的。人不是有了能力才去负责任,而是负了责任才会拥有更大的能力。

一个风雨交加的夜晚,一对老夫妇走进一间旅馆的大厅,想要住宿一晚。

正值夜班的饭店服务生说:"十分抱歉,今天的房间已经被早上来开会的团体订满了。若是平常,我会送二位到合作的旅馆,可是如果再次让你们置身于风雨中,你们肯定会特别辛苦,那就待在我的房间里吧。它虽然不是豪华的套房,但还是蛮干净的,因为我要值班,我可以在办公室休息。"这位年轻的饭店服务生很诚恳地提出了这个建议。这对老夫妇大方地接受了他的建议,并为给服务生带来的不便致歉。

第二天,雨过天晴,老先生前去结账时,柜台前仍是昨晚的服务生在上班,这位服务生依然亲切地说:"昨天您住的房间并不是饭店的客房,所以我们不会收您的钱,也希望您与夫人昨晚睡得安稳!"

老先生点头称赞:"你是每个旅馆老板都梦寐以求的员工,或许改天我可以帮你盖栋旅馆。"

几年后,这位服务生收到一位先生寄来的挂号信,信中描述了那个风雨交加的夜晚所发生的事情,另外还附有一张邀请函和到纽约的往返机票,邀请他到纽约一游。在抵达纽约几天后,服务生去游玩时,在第5街及34街的路口遇到了当年借宿的老先生。老先生指着路口矗立的一栋华丽的新大楼,说道:"这是我为你盖的旅馆,希望你来为我经营,好吗?"

这位服务生惊奇莫名,他说话突然变得结结巴巴:"你是不是有什么条件?你为什么选择我?你到底是谁?"

"我叫威廉·阿斯特,我没有任何条件,我说过,你正是我梦寐以求的员工。"这栋旅馆就是华尔道夫饭店,这家饭店于1931年启用,是拥有极致尊荣地位的象征,也是各国高层政要造访纽约时下榻的首选。当时接到这份工作的服务生就是乔治·波特,一位奠定华尔道夫世纪地位的推手。

由这个例子可以看出,认真做好分内的事,对自己的工作负责任,承担得越多,拥有更大能力的机会也就越多。

生活中如何培养和锻炼孩子的责任感

有责任感的人就会拥有生命的内在力量。生活中,应如何培养和锻炼孩子的责任感呢?要注意以下三个要点。

1. 让孩子自己做选择

本书一直强调父母要给孩子选择的权利和自由,所以当有一件事情需要让孩子自己负责任的时候，就应该让孩子做选择，让孩子自己选择做还是不做。如果他选择做，就要百分之百全力以赴做到；如果选择不做，也要承担不做的后果。比如，参加游泳培训班，如果孩子自己选择参加，那么就要真正负起责任来按照教练的要求坚持定时学习，而不能玩几天没兴趣了就放弃；如果选择不参加，那么看到别人会游泳的时候要自己克服羡慕的心理。天下大事莫过于"我愿意"，就像婚礼中主持人都会问新郎和新娘"你愿意吗"一样，因为只有自愿，才会心甘情愿地坚持下去，并且坦然地接受未来的结果。

2. 一定不要拿条件做交换

拿条件做交换是无法培养孩子的责任心的，因为这是利诱，只会培养孩子的功利心。比如，有的家长喜欢跟孩子说："如果这次考试你考到了前十名，我就给你买部手机！"这时候孩子并不是基于负责任主动去学习的，他只是基于交换而去学习。下次没有交换条件的时候，他的成绩立马就会掉下来。所以我们训练孩子负责任，切忌有拿条件做交换的思想。如果孩子从小被父母以拿条件做交换的方式来促进成长，那孩子长大之后跟人相处的模式也会是交换式的，甚至他在家庭生活中，在工作中等都会采用这种模式。比如，老板给他多少工资他就干多少活，对方给了他什么好处他才会爱对方等。这样的训练并不会让孩子懂得什么是责任感，这样的人在事业上也很难有大的发展，很难有真正的朋友和爱情。

3. 孩子做不到的时候要让孩子承担做不到的后果

每个人都要为自己的行为负责，一个人的过失所造成的后果不可能由别人来承担。有时候，应放手让孩子自己去尝试。比如，如果他觉得少穿一件衣服好，就让他自己感受少穿一件衣服的温度。他自己亲身体验到的感受，往往比他人传教给他的深刻。孩子会在这个过程中不断成长：人要为自己的错误负责，而不是迁怒于他人。

另外，父母可以从以下三个方面锻炼孩子的责任感。

首先，孩子的事情一定要让孩子自己做，不要代替他做！很多父母都有一个错误的观念，认为爱孩子就需要帮助孩子，帮助孩子把所有需要做的事情做好。比如，帮助孩子把书包收好，帮助孩子把衣服叠好，帮助孩子把衣服整理好……这其实是在扼杀孩子负责任的机会，也是在扼杀孩子的责任感。所以切记，一定要让孩子自己的事情自己做。

其次，一定要让孩子承担一定量的家务。其实在孩子承担一部分家务的时候，就会体验到一种主人翁的感受。而且在完成家务的过程中，可以锻炼孩子的各种生活能力，对孩子将来的独立生活也有好处，是有百利而无一害的事情。

最后，要鼓励孩子担任班干部。让孩子主动、勇敢地担任班干部，把班级的事情当作自己分内的事情做好，去为更多的同学服务，承担更多、更大的责任，这可以很好地培养孩子的责任感。

当一个孩子从小能自己的事情自己做、家里的事情帮着做、班级的事情抢着做的时候，长大了就一定会成为一个勇于承担责任的人。如果一个人从个人到家庭，再到社会，三方面的责任感都得到了锻炼，那么这个人一定是一个有责任心、有责任感且勇于承担责任的人。这样的人不仅是社会最需要的人，也是拥有自尊、自信和内心力量的人。当孩子可以负责任的时候，孩子的人生就会屹立不倒！

第十四章

冲突
——冲突是人最好的导师

> 我们要避免我们的义务与我们的利益发生冲突，避免从别人的灾难中企望自己的幸福。
>
> ——卢梭

和成千上万个倾诉者沟通之后，甚至我在回顾自己的人生时常发现：真正会让我们痛苦的并不是失败或事业上挫折不断，甚至一败涂地都不是最痛苦的。让我们感到最痛苦的往往是我们认为的亲密关系的破裂，比如父母离婚、深爱的恋人黯然分手、亲子关系紧张、好朋友背叛等。这些痛苦往往会在很长时间内影响一个人的生活，甚至影响一个人的一生。这些亲密关系是一个人人生幸福的起点，是一个人生命中的美好瞬间，可是为什么亲密关系会破裂呢？

亲密关系的破裂往往是因为发生某些冲突时，我们彼此都没有处理或解决好，给彼此的身心留下了伤害，于是导致了关系的破裂。

冲突究竟是怎么回事？我们又该如何处理它呢？

冲突是人生的一部分

冲突，是人与人之间发生矛盾，或彼此排斥，从而出现的对抗状态。

冲突，也是一个过程，这种过程始于一方感受到另一方对自己关心的事情产生了消极影响或将要产生消极影响。

冲突包含两个必要因素：存在意见的对立或不一致，并被双方感知。这决定了冲突过程的出发点。

其实只要是活着的人，注定会遇到冲突，有人的地方就有冲突，可以说冲突是人生的一部分。因为每个人的家庭环境、知识背景、受教育的程度以及经历、个性都不尽相同，这就导致每个人看待问题的思维方式和角度也都不一样。正所谓"仁者见仁，智者见智"。就像有人喜欢牡丹，而有人喜欢月季花一样，这些都没有对与错之分。由于人们的利益及出发点不同，对待同一问题所持的态度也会不同。比如，一场瓢泼大雨，对于久旱的农田来说，真是及时雨；而对于要出门的人来说，简直是糟透了。所谓"人生难得一知己"也是这个道理，所以人和人之间出现冲突是再正常不过的事了。比如：

> 倘若A和B特别要好，尤其是两人都很讨厌C的时候，就会觉得两人更加亲密。这时候的C与其说是一个让人讨厌的对象，不如说是维系A和B感情的纽带。C其实也不一定是一个具体的人，还可以是物品或某种状态。比如A和B正好是两个孤独的"单身狗"，因为单身，所以常在一起玩、一起聊天。这个时候，C就是指单身的状态，它虽然本身让人讨厌，但正因为A、B都是单身所以才能一起玩。若是哪天任何一个"脱单"结婚甚至有了孩子，A和B的关系必然就会疏远了。

冲突就是这么简单和莫名其妙。它随时都存在，甚至无影无形地存在于我们的身边。上例中的C还可能是我们自己，因为我们经常可能和自己产生冲突，于是有人自我否定、自我矛盾、自我怀疑……这些都是把冲突过于放大的结果。其实冲突并不可怕，冲突令许多人痛苦的原因是自己很想修复，却又不懂得如何修复。

冲突产生的三个层面

冲突呈现在生活的方方面面中，通常来自三个层面。

1. 需求层面

比如，你有一个买车的需求，但你爱人的需求是买房，而你们家里的钱只够做一件事情，这样你们之间就产生了一个需求的冲突；再如，你恰好和孩子有一个共同的假期，你想带着他去旅游，可是孩子并不想跟你去，而是想和他自己的同学一起去旅游，那么此时你们的需求也是有冲突的。

2. 想法层面

想法层面的冲突也可以称为价值观的冲突，指一个人对一件事情或事物的看法可能与其他人不一致。比如，你认为你的孩子需要上补习班，因为你觉得孩子上了补习班成绩会更好；而你的孩子认为不需要，因为他觉得自己不需要上那么多补习班，他需要有一些时间自己来调剂。这就是对相同的问题持有不同看法的双方存在的想法上的冲突。

3. 行为层面

比如，你看到孩子随手把鞋放在过道中间很生气，你觉得他应该把鞋摆好；而孩子觉得在家自在就好，没想那么多或者已经习惯随便放鞋了。这就是不同的个人行为和习惯产生的冲突。

错误的面对冲突的方式

1. 逃避

什么是逃避？就是遇到与对方有矛盾的时候，就表现出一副"我懒得跟你说"的状态，然后就一甩门出走，或者根本不去正面面对这件事情，也不跟对方沟通，就当这个事情过去了或没有发生一样。很多夫妻吵架或出现矛盾的时候，先生很容易表现出这样的行为，认为矛盾或者冲突应该放一放。放一放是对的，但不能一直放到忘了，如果真是这样就成了逃避。实际上，当一个人选择逃避的时候，冲突和问题并没有自动消失，它只是被暂时埋藏了起来，它会像一颗定时炸弹一样，一旦爆炸，危险加倍。积怨太久甚至可能会造成家破人亡。比如，有的妻子长期被冷暴力对待，情绪郁结，然后生病、抑郁，双方感情长期得不到沟通并慢慢疏远，导致离婚。对待孩子也一样，冷暴力对待孩子，会造成孩子不明事理、胆小怕事或者遇到冲突的时候也选择同样的处理方式，对孩子未来的为人处世都是有害的。

2. 迁就

有些人说既然逃避不对，那我就妥协，永远迁就对方、处处让着对方。当然，这种处理方式比逃避好很多，但要有个度，不能遇到冲突就迁就。因为迁就在某种程度上来说也表现了息事宁人的态度，根本没有积极解决问题。

记得有一位先生在我的课堂上分享过,他说他一直迁就自己的太太,后来他实在受不了,感觉自己被逼到了墙角,最后不得不提出离婚。太太还觉得很奇怪,感觉被提出离婚是晴天霹雳。为什么会这样呢?因为冲突是两个人之间产生的,由两个人的态度导致,以委屈任何一方来结束冲突都不叫解决了冲突,反而可能会纵容另一方或者更加伤害受委屈的一方,时间长了,受委屈的一方就会被彻底击溃或者企图绝地反击。所以,用迁就对方的方式解决冲突并不高明。

3. 对抗

对抗有可能表现在肢体、语言、情绪等方面,但最终的结果都是双输或双方受伤。我们看到过的流血斗殴事件最后总是一方人身或伤或亡,另一方受牢狱之灾;泼妇骂街或者其他方式的语言暴力可能导致一方暗中报复和双方的形象受损;互相冷暴力、精神折磨的家人最后都会分崩离析。所以,对抗是不可取的,也是最不理智的,不仅不能解决冲突,还会造成更大的冲突。

面对冲突时,逃避、迁就、对抗最终都会因为给双方带来伤害而导致关系破裂,那么冲突来临的时候,我们究竟该怎么面对才能有效化解冲突呢?

面对冲突要秉持的三个要点

1. 不在发生冲突时解决冲突

发生冲突时,双方都会带着很强烈的情绪,双方都非常不理智,那么此时试图解决冲突就很难,往往只会火上浇油,使冲突加剧。此时我们可以选择先停止冲突,让自己冷静下来。但这样做不是逃避,只是先冷静下来,然后再想出解决的办法去解决。之所以我们要先选择冷静和停止冲突,是因为当我们跟人在沟通中产生冲突时,很容易使情绪激化。一旦情绪激化,双方就有可能从试图说服转变成彼此诋毁、嘲讽、愤怒、指责,甚至会相互人身攻击,而我们本来可能只不过在沟通一个想法、一个观点。所以,不在发生冲突时解决冲突,可以有效地避免情绪的激化。

2. 切忌过分地处理冲突

本来可能是一件很小的事情,如果过分处理的话,就会使事情变得复杂。我记得有一位学员提到过,他只是不经意地说了一句话,结果他的同事一直找他沟通,给他发内容很多的微信,一连好几天都在纠结这个事情。这让他觉得同事很可笑,从此都不想和那个人走太近。这个例子中,这位学员的同事就是有点过分处理冲突了!习惯于过分处理冲突的人其实都是"玻璃心",脆弱、敏感、太过较真,这样往往会让身边的人很难与自己相处。所以,我们要学会解决冲突,也要学会弱化冲突,这一点对于成人和孩子都很重要。

3. 先处理心情，再化解冲突

发生冲突时，先解决情绪的问题，再沟通到底该怎么处理冲突。前面已经说过了，人在情绪中是没有办法有效沟通的。我们需要先让自己冷静下来，也要给对方宣泄情绪的时间，而聆听对方往往是最有效的方式。这样不仅给了对方倾诉和宣泄情绪的机会，也会使其平静下来并能理智地思考。

> 有一个男孩总爱发脾气，他的父亲给了他一袋钉子，并且告诉他，每当他发脾气的时候就在后院的围篱上钉一根钉子。
>
> 第一天，这个男孩钉下了37根钉子。慢慢地，每天钉钉子的数量减少了，最后他发现控制自己的脾气要比钉下那些钉子还要容易一些。
>
> 终于有一天，这个男孩再也不会因为失去耐心乱发脾气，他告诉了自己的父亲。父亲又对他说："从现在开始，每当你能控制自己的脾气的时候，就拔出一根钉子。"
>
> 时间一天天地过去了，最后男孩告诉父亲，他终于把所有的钉子都拔出来了。
>
> 父亲握着他的手来到后院说："你做得很好，我的好孩子。但是看看那些围篱上的洞，这些围篱将永远不能恢复成从前，你发脾气的时候说的话将像这些钉子一样留下疤痕。如果你拿刀子捅了别人一刀，不管你说了多少次对不起，那个伤口都将永远存在。话语的伤痛就像真实的伤痛一样，会令人无法承受。"

所以我们一定要先处理好情绪，然后再来化解冲突。

掌握这三点之后，以后再面对冲突的时候，我们就能找到正确的应对方法。

正确处理冲突的方式

1. 对于需求冲突，要看到需求背后的需求

比如，当孩子说他想去吃麦当劳，可是你觉得不能经常吃麦当劳，这个时候你们之间就开始有了不同的意见，继续各坚持各的意见，就会引发冲突。应怎么办呢？这时候，看起来孩子的需求是想吃麦当劳，但是这个需求背后是否还隐藏着其他需求呢？你需要对孩子有一定的关注和了解，因为极有可能孩子只是喜欢麦当劳餐厅里的滑梯或麦当劳套餐里的小玩具。如果你觉察到了这个需求，你便可以推荐孩子去公园玩大的滑梯或者去儿童商场玩玩具，这样就不需要去麦当劳了。

又如，很多先生不明白为什么自己的太太总是喜欢买东西，衣服、包包、鞋子看起来都差不多，却还要买很多。其实很多女士买东西并不是因为上瘾或者空虚，而是希望通过花先生的钱或者让先生陪自己逛街来确认自己在先生心中的重要性，以获得一种爱的肯定。其实改变的方式非常简单，先生只要在平常多关注太太，给予太太爱的表达和关心，太太爱买东西的习惯就会改掉。

遇到冲突时，真正解决冲突的方法不是忍让和满足对方表

面上的需求，而是要觉察到对方需求背后的需求，给予对方真正缺失的或需要的，然后合作共赢，让彼此的需求都得到满足，这样人与人之间的关系就可以牢固、稳健地发展下去。

2. 对于行为的冲突，要先接纳、包容，再找机会改变

要解决行为冲突，最重要的是要看到行为背后的真正动机。

> 一位母亲问5岁的女儿："如果妈妈和你一起出去玩，我们渴了，没带水，又没带钱，只带了两个苹果，你会怎么做呢？"
>
> 女儿歪着头想了想："我会把两个苹果都咬一口。"
>
> 母亲听了很失望，她本想训斥孩子一顿，可就在话将出口的那一刻，她忽然改变了主意。母亲摸着孩子的小脸，温柔地问："能告诉妈妈，你为什么要这样做吗？"
>
> 女儿眨眨眼睛说："因为我想把最甜的那个苹果给妈妈。"
>
> 霎时，母亲的眼里闪动着泪花。

我们常常希望孩子懂得我们对他们的一片真心，的确，父母的所有出发点都是为了孩子，可是孩子又未尝不是呢？在冲突开始出现时，耐着性子先观察或者聆听孩子内心真实的想法，那么冲突可能就立即被化解了。只有父母先接纳、包容孩子的行为，然后才有机会改变他。如果父母因为不能理解孩子行为的真正动机而与孩子起了冲突，那么只会伤害彼此的感情，而孩子的行为也不会有根本性的改变。

3. 对于想法、观念的冲突，要换位思考，建立理解、信任与爱的关系

你开车时，讨厌行人乱穿马路；你走路时，讨厌汽车鸣笛、按喇叭。你打工时，觉得老板太强势、太抠门；你当老板后，觉得员工没责任心、没执行力。你是顾客，觉得商家太暴利；你是商人，觉得顾客太挑剔。不要总站在自己的角度看别人，要多站在别人的角度看自己，换位思考，将心比心。拿破仑·希尔说过："懂得换位思考，能真正站在他人的立场上看待问题，考虑问题，并能切实帮助他人解决问题，这个世界就是你的。"当彼此在想法上发生冲突的时候，最好的解决方法就是换位思考，即站在对方的角度思考问题。

有位学员曾经分享过她女儿的故事。

> 这位学员的女儿是个特别喜欢写日记的 15 岁的文艺小女生。因为特别喜欢记录生活和心情，加上常年的坚持，精美的日记已经记了好几本，整整齐齐地码在自己的书桌上。
>
> 有一天，这位学员的朋友带六七岁的儿子来做客，正巧小女生不在家。小男孩百无聊赖地在屋子里四处闲逛。无意间进到小女生的房间，看到了桌上那几本漂亮的日记本。打开看到里面有各种各样手绘的插画和一些贴画，觉得很漂亮也想要，便拿着几本出去找妈妈，说想要上面的贴画。我的这位学员看了，觉得不过是小孩子画着玩的，画完也就完了，没什么要紧，便主动去找了剪刀把小男孩喜欢的贴画剪下来送给了他。
>
> 小女生回到家里看到这些，当着客人的面大发雷霆，弄

> 得自己的妈妈很尴尬，只觉女儿任性，所以不予理睬。女孩经历了自己珍爱的东西被破坏这件事后，就对自己的妈妈有了防范。用零用钱买了几把小锁，将房间能锁的东西都锁了起来，并且也不再和之前一般对妈妈说知心话，导致母女关系大不如前。
>
> 我的这位学员始终认为："不就是几张贴画吗，至于吗？我已经知道你长大了要面子，我都没有因为你大了在客人面前失礼而责怪你，你还跟我较上劲了。"

是啊，很多时候，身为家长的我们总是一副高高在上的样子，认为自己对孩子已经很宽容了，为什么孩子还是那么任性。殊不知，正是你的高高在上，成为与孩子换位思考、理解孩子内心世界的"一堵墙"。换位思考是一个非常重要的能力，当进行换位思考的时候，很多问题就都能迎刃而解了。

冲突无时不在，每个人都需要在冲突里成长，学会互相理解、互相信任、互相关爱，以更好地了解冲突、面对冲突。学会解决冲突是人生一门重要的功课，而冲突也是最好的人生导师。

当一个人真正有能力去面对、理解和解决冲突的时候，就会拥有很好的人际关系。中国有句古话叫"不打不相识"，其实发生冲突之后，如果能够很好地化解冲突，那么两人的关系反而更亲密、更牢不可破。所以，越冲突越能互相理解、越冲突越相爱的这份能力，需要我们与孩子一起学习和掌握。

第十五章

赞美

——赞美是需要勤加练习的能力

> 赞美是美德的影子。
> ——塞·巴特勒

著名的儿童教育家玛利亚·蒙台梭利说过:"儿童不会自己判断、评价自己,他是通过别人对他的态度来判断、评价自己的。"对于这句话,我们也可以理解成孩子呈现的样子其实是由他周围的成人给予他的态度和评价造就的。

日本的一项研究表明:经常得到父母肯定与赞美的孩子,比很少得到父母肯定与赞美的孩子获得成功的概率足足高出五倍。

为什么会这样?

因为缺乏认可和赞美的孩子,他们的生命是不快乐的,心灵是不自信的。所以,亲子关系里有一个很重要的关键词需要父母和孩子共同学习并掌握,这个关键词就是:赞美!

赞美是发自内心地对别人肯定与认可

赞美,是发自内心地对于自身所支持的事物或人表示肯定的一种表达。**恰如其分的赞美能使我们更好地与朋友、同学、家人交往、相处,从而使各种人际关系更融洽,使家庭氛围更和谐。**

心理学家威廉·杰姆斯说:"人性最深层的需要就是渴望别人欣赏。"心理学研究也发现,人性都有一个共同的弱点,即每个人都喜欢别人的赞美。一句恰当的赞美犹如银盘上放的金苹果,使人陶醉。**在亲子关系中,如果父母懂得赞美、善于**

赞美，那么父母在孩子心中将会是有同情心、有理解力、有吸引力的父母。

当然，赞美人并不是一件容易的事，正如水能载舟，亦能覆舟一样。在孩子不同的年龄阶段使用适当的赞美之词，可使亲子关系融洽，心境美好；如果孩子年龄大了，已经开始明白人情事理之后，家长依然用肉麻、恭维的话或者小时候的那一套夸奖词，则会让孩子觉得家长很幼稚，甚至会对家长产生反感，从而对家长心生轻蔑。

所以，赞美首先应是发自内心的，必须从心底里认为孩子的某些优点是真的好；其次，赞美必须是客观的肯定与认可，不可无中生有、莫名其妙，应是用心发现的、孩子客观存在或者潜在的优点或特长。家长有几分真心，孩子都能感受得到。只有发自内心且客观的赞美，孩子才会觉得家长在真心地关注他、关心他的成长、在乎他的感受。同理到所有的人际关系里，其实是一样的。

赞美是医治孩子不自信、不快乐的良药

赞美对一个人来讲就像太阳对于万物一样，没有了太阳，万物都没有办法生长。一个人如果长期得不到认可与赞美，心灵也没有办法成长。

我的一位女学员，40岁，大学本科毕业，是一家跨国集团公司的客服总监。她所在的公司主营零售业务，客户服务是重中之重，她管理着全集团上万名客服员工。在旁人的眼里，她不仅长得漂亮，而且能力强、事业很成功。她一直没有结婚，我问过她原因，她分享给我的理由是：她觉得自己还不够好，自己身上还有很多自己都接受不了的地方和解决不了的问题。后来我们再往前探寻原因，从她的成长历程中寻找这种心理形成的关键点，发现她的妈妈在她的成长过程中给了她很大的影响。她的妈妈对她非常严厉，极少夸奖她，她在妈妈那里得到的都是批评和指责，所以她即使很优秀了也依然非常不自信。比如，她小时候如果考试没有得第一名，妈妈就会问她：为什么没有得第一？错在哪里？是怎么错的？你上课到底有没有认真听讲？有没有听懂？你明白了吗？……妈妈留给她的印象就是这样一连串咄咄逼人的问话。她记忆中的自己也总是一副战战兢兢、拼命努力的样子。所以，在她的潜意识里，她一直认为自己不够好，需要更加努力，需要不断修正自己，这样自己才能配得上更好的工作和更好的人。

长期不被夸奖和赞美的孩子，自信心会被摧毁。而一个自信心被摧毁了的孩子，即使很优秀，也会活得很辛苦。

最新的生物科学研究表明，认可与赞美既是心理的需要，也是生理的需要。当人们被认可时，体内就会产生一种令人舒适、愉悦的化学物质，这种化学物质会在体内持续存在7天。也就是说，家长一个星期最少要赞美一次孩子。如果发现孩子最近没有生病，但仍然打不起精神，就需要检讨自己最近对孩子的关注与赞美是不是太少了。

> 小明家兄弟姐妹四个：姐姐是独女，哥哥是长子，小明排名老三，弟弟最小。
>
> 小明觉得自己排行老三，是次子，好像是次要的儿子，不被父母重视。有时父母开玩笑说他是马路上捡来的，他还将信将疑。马路上哪位年长的妇女多看他一眼，他马上浮想联翩，怀疑她就是自己的亲妈。
>
> 为了得到父母的赏识，小明想尽了办法，但往往并不奏效，最后他使出了绝招：在数九寒冬的一个夜晚，小明独自来到院子里，悄悄解开棉衣，让寒风吹了几小时后开始发烧。他发现只要一发烧，关注就会立刻来到身边。工作再忙，生活条件再艰苦，母亲也会煮一碗鸡蛋挂面，拿出几块苏打饼干，坐在他的床边，摸着他的额头，嘘寒问暖，那个感觉让他觉得发再高的烧都值得。从此以后，只要小明觉得自己不被关注，就会想办法让自己生病。

你看，长期得不到关注的孩子，会形成"赏识饥饿"心理，然后孩子会采用家长意料之外的危险方法来博得父母的关注，填补"饥饿"的心理。

心理学家曾在一些学校做过多次这样的实验：把学生分成三组，对于第一组的学生，凡事都采取称赞和鼓励的态度；对于第二组的学生，非常冷漠，不闻不问，放任自流；对于第三组的学生，则总是批评。一段时间下来，第一组的学生进步最快，第三组的学生有比较小的进步，而第二组的学生几乎没有进步。

由此可见，受到重视和赞赏的学生更易取得较大的进步。

然而，人们却又往往吝啬自己的赞美的语言，就像著名的心理学家杰丝·雷尔说的："称赞对温暖人类的灵魂而言，就像阳光一样，没有它，我们就无法成长、开花。我们大多数人只是敏于躲避别人的冷言冷语，却吝于把赞许的温暖阳光给予别人。"中国人在传统上就喜欢以非常含蓄的方式来表达自己的感情，诸如"严是爱，松是害""打是亲，骂是爱"等，都是要求人们从行为中去慢慢体会其中蕴含的感情。

事实上，**无论是孩子还是成人，每个人内心都非常渴望得到别人的承认**。所以，为什么不主动去寻找孩子行为中的优点，并把温暖的阳光给予他们呢？

成长中的孩子的心理非常敏感，对他们的赏识和鼓励尤为重要。一句话、一个眼神、一个微笑，父母的每个行为细节都能给孩子传递欣赏的信号。确实，赞赏的力量是不可小视的，它不仅能给人们送去温暖和喜悦，给人们带来需要的满足，还能激发人们内在的潜力，甚至能彻底改变一个人的人生。

赞美，在某种程度上也是一种嘉许。关于嘉许孩子，要注意嘉许过程比嘉许结果更重要，并且嘉许要遵循及时、具体、真诚三原则。

关于嘉许，我在已出版的《亲密式父母的12个教育模式》一书的第一章已经做了详细的阐述，有兴趣的朋友可以找来研读，这里就不做重复赘述了。再次提醒各位父母，赞美孩子也要根据不同的事情、不同的场景和不同的需要，使用不同的赞美方法。

赞美孩子的常用方式

1. 直接赞美法

直接赞美法是指在日常生活中的一些特定时刻给予孩子肯定和赞赏。比如，孩子成功地完成了某件事，有作品发表，取得了某项不错的成绩，或者在某个特殊的纪念日时，在这些特定的时刻赞美孩子会更具感染力，对孩子的影响也会更深远。

2. 间接赞美法

间接赞美法也叫"弯道超车法"，很多时候比直接赞美的效果更好，甚至好很多倍。

3. 意外赞美法

意外赞美法强调的是平常多在家人或他的同学、老师面前夸奖孩子的优点。不要在背后说人坏话，要在背后多赞美别人，这会令对方感到惊喜，也会让我们的人际关系得到极好的改善。

4. 目标赞美法

渴望得到他人的赞美是人的一个基本特性。当你真心赞美一个人的时候，他会感觉自己更有价值，更有成就感。因赞美，人们会加倍努力；因赞美，一些人确立了目标；因赞美，更有人改变了自己的人生航向。目标赞美法可以帮助人们树立一个目标，并鼓舞他们向着那个目标不懈地努力。

5. 反向赞美法

反向赞美法是指被赞美者的行为本来是应当受到批评和指责的，但批评和指责是人们最难以接受的方式，而且，无论怎样批评，都无益于激发人们的干劲，此时就要找出对方行为中值得赞美的地方，给予肯定，对其错误则表示理解，不予评价。

6."连环称赞进攻"法

"连环称赞进攻"法是指巧妙地以赞美的形式取代批评，通过赞美达到直接的目的。

赞美别人，获得赞美

一位记者在一次调查中发现，经常赏识他人，夸奖、赞美他人的人往往处世积极乐观，受人欢迎，受人尊敬，不常生病，并且比一般人长寿；而常指责、抱怨的人一般没有朋友，孤单落寞，身体、心理脆弱，比一般人寿命短。

适当地赞美对方，能够很自然地赢得对方同样的回报。所以，不要认为赞美别人是一种付出。从生命能量的观点来说，这其实是一种能量的转换，赞美别人的时候，你已经获得了更多的能量。一个人说出的赞美的话，如粒粒珍珠，不仅令自己内心充满喜悦，还会给他人带来力量。

赞美是一种能力，这种能力不是天生的，需要学习并勤加练习。所以从现在起，就请你开始在日常生活中练习赞美别人，养成赞美别人的习惯。当你的孩子认真完成了作业，考试取得了好成绩，帮助父母做了家务；当你的妻子做了可口的饭菜，穿了一套新衣服，换了一个新发型……当你对别人每一个细小的进步都能及时发现并予以赞美时，别人也会非常高兴地接纳并赞美你。你甚至会发现，在赞美孩子和伴侣的过程中，你的孩子和伴侣也学会了赞美你！

第十六章

安全

——从意识到常识,确保身心俱安

世界上只有一种英雄主义,那就是了解生命而且热爱生命的人。

——罗曼·罗兰

最后一个关键词，当然也是最重要的一个关键词，就是"安全"。安全，对于孩子们来讲非常重要，也很有必要，是需要植入孩子们脑海与心灵深处的一个词。安全，是人类的本能欲望。永远都要记住：安全第一！

什么是安全

安全不仅指没有危险、不受威胁、不出事故、没有伤害等人身安全，也指内心强大、自我悦纳等心理安全。**对于孩子来说，安全主要体现在两个层面：第一是人身的安全，第二是心理的安全。**

安全意识，就是我们头脑中建立起来的安全观念，是对各种各样可能对自己或他人造成伤害的外在环境的一种戒备和警觉的心理状态。任何时候、任何状态下，任何人都要树立"安全第一"的意识。因为"安全第一"是做好一切工作的基石，是落实"以人为本"的根本措施。坚持安全第一，就是对国家负责，对企业负责，对人的生命负责。我们在做各种训练的时候，总是强调规则有三条：第一条，安全；第二条，安全；第三条，还是安全！

把安全意识传递给孩子，对孩子的一生都有重要价值和意义。告诉孩子要有公共安全意识，因为安全是自己的，也是大家的。有时，一个小小的失误不仅会伤害自己、伤害他人，甚至会给国家造成不可估量的损失，危及社会的稳定。还要告诉孩子要有自我保护意识，因为生命只有一次，在确保自己人身安全的前提下，才能谈理想、未来、心灵的需要等美好的一切，否则都是空谈。

"预防为主"是实现安全第一的前提条件，也是保证安全的重要手段和方法。"隐患险于明火，防范胜于救灾"，虽然人类还不可能完全杜绝事故的发生，也无法实现绝对安全，但只要积极探索规律，采取有效的事前预防和控制措施，做到防患于未然，将事故消灭在萌芽状态，各类事故都是可以大大减少，甚至完全避免的。

防止孩子遭遇意外伤害

1. 确保用电安全，预防电器火灾

随着科技的发展，电子电器产品已经渗透到了我们生活的方方面面，手机、iPad、充电器、电视、空调、电饭煲……数不胜数。但是，如果你的孩子还很小，一定要让其远离电源，还有诸如插座、电风扇、电熨斗、电暖器之类的物品，因为这些物品极有可能导致婴幼儿触电，电器运行中还可能对孩子造成伤害。如果孩子已经较大了，也要提醒孩子关注和留心家用电器及电子产品的安全性能，要确保安全。媒体上经常报道诸如手机充电时爆炸、电饭煲爆炸、插座未拔导致的火灾等新闻，轻则导致财产受损、人受惊吓，重则导致家毁人亡，是极其危险的。生活中，一定要教育孩子不用手触摸

电源，不用湿手触摸电器，不随意拆卸电子产品，按照说明书正确使用电器等。

2. 防止刀具或尖锐物品可能带来的意外伤害

孩子在婴幼儿时期或者还是小朋友的时候，一定不要让其把刀具、牙签、筷子等尖锐物品当作玩具。我至今无法忘记一位年轻的妈妈带着她三岁多的儿子向我哭诉的情景。她的儿子活泼好动，有时候没精力管他，就随便给一个他想要的东西放在他手里玩，这样孩子就可以安静几分钟。可是有一次，孩子跌倒了，手上拿的牙签儿刚好插进了自己的眼睛。后来跑了很多家医院，看了很多眼科专家，孩子的这只眼睛都没有保住，永久地失去了视力。可以想象，这位母亲的内心该有多痛、有多后悔。所以，意外伤害应尽量避免。

3. 防止明火、鞭炮等对孩子的伤害

尽管全国的各级城市禁"鞭"多年，但每年春节依然会报道被鞭炮炸伤或者鞭炮引发火灾事故的新闻。2019年春节就有媒体报道，有一个孩子将鞭炮点燃后放到下水道井盖下引起爆炸，导致孩子及路人受伤，周边居民用水用电出现故障。我还清晰地记得我儿子四岁多的时候，也是春节，在小区里和别的孩子玩，我突然看到其中一个十来岁的孩子拿着鞭炮准备点燃，我当时吓坏了，我的孩子那么小，离那个鞭炮又那么近，太危险了！那一刻我一个箭步冲过去，大声制止孩子点燃鞭炮的同时把儿子抱离了那里。如果家长平时不很好地教育孩子，不告诉孩子玩鞭炮或者玩火的危险，等到孩子玩出了事故才后悔就已经太晚了。

4. 教育孩子注意交通安全

孩子们平日里上学、放学，节假日外出、旅游，除了步行以外，还要骑自行车、乘公共汽（电）车，路程更远的，要乘火车、乘轮船。所以，交通安全问题是我们必须重视的。要从小给孩子树立交通安全意识，让其掌握必要的交通安全知识，尤其要遵守交通规则，确保交通安全。教育孩子遵守交通规则至关重要，千万不要以为以前没有出过车祸，偶尔不遵守交通规则也没事，不能因为一两次的侥幸就养成藐视规则的习惯，大多数的车祸都是因为没有遵守规则造成的。在第十二章"规则"的章节里，一位女士自述曾在等绿灯时亲眼看见一位骑自行车的女士被一辆出租车撞飞，用性命换得一两秒的时间真的不值得。所以从小就要教会孩子一些常识，比如走路靠右边，不随意横穿马路，过马路走斑马线且看红绿灯，坐公交车要排队等。这些既是公共美德，也是保证自己安全的基本法则。

5. 关于游泳的安全

一到夏天，孩子们放假后，玩水、游泳是很多家庭选择的消暑游乐项目。游泳本来是锻炼身体、让人快乐的一件事情，可是如果没有足够的安全措施，没有较强的安全意识和好的游泳技术，游泳也是一个十分危险的项目。本着安全第一的原则，游泳前要做好充分的准备，掌握一些必要的安全与卫生常识。比如，未成年的孩子必须在家长的带领下去游泳。未成年的孩子只身一人去游泳最容易出问题，在出现险情时，很难保证能够及时得到妥善的救助。参加剧烈运动后，不能立即跳进水中游泳，尤其是在满身大汗、浑身发热的情况下，不能立即下水，否则易引起抽筋、感冒等。被污染的河流、水库，有急流处，两条河流的交汇处以及落差大的河流湖泊，均不宜游泳。恶劣天气如雷雨、刮风、天气突变等情况下，也不宜在户外游泳。游泳前，还要准备好救生设备等。一系列的常识可以通过专门的课程或平时的讲解灌输给孩子，让孩子做好游泳的安全防备。

6. 要避免孩子遭遇抢劫等暴力伤害

孩子无论在哪个年龄阶段，都会不同程度地接触社会。当前社会上还存在违法犯罪现象，中小学生遭到不法分子侵害的情况也时有发生。所以，很有必要教孩子学会正确认识遇到的人和事，明辨是非，区分真善美和假恶丑，提高预防各种侵害的警惕性，消除麻痹和侥幸心理，提高对危险的警惕心。同时也要树立自我防范意识，掌握一定的安全防范方法，增强自身的防范能力，比如遵守校园管理制度、不跟陌生人走、牢记报警电话和家里的电话、不单独行动等。教育孩子在遇到异常情况时，冷静、机智、勇敢地去应对。

7. 提醒孩子注意旅行安全

出门在外、旅行途中，往往隐藏着很多不安全的因素，甚至很多事情是突发的，所以我们需要提前做好防御准备。比如一家人出行时，要提醒孩子途中遵守旅游规则、不乱跑，听大人和导游的指挥，不单独行动，不做不文明的行为；对于喜欢独自旅行或者喜欢和同学旅行的孩子，也要提醒他们提前做攻略，预测途中可能出现的危险和意外，做好预防措施、应对的方案以及救助方案，保持电话畅通等。父母要传递给孩子与安全有关的意识和常识，让孩子慢慢学会保护自己，保证自己时刻处于一个安全的环境中。

重视孩子的心理安全

前面说了，孩子的安全包含两个层面：第一是人身的安全，第二是心理的安全。因此，除了在生活中从以上7个方面保护好孩子的人身安全之外，父母还要重视孩子的心理安全。

美国一个机构的研究数据表明，现在全世界每5个孩子中就有一个孩子有心理障碍，需要父母关注并且协助他克服这个障碍。你没看错，每5个孩子中就有一个。而最近我看到的一份中国研究机构的报告则表明，国内33%的孩子是有心理障碍的。

孩子有心理障碍是指什么？指孩子存在不同程度的焦虑、不快乐、愤恨、暴躁等各种负面情绪，甚至会做出很多偏激的行为。

心理学研究表明，50%的心理问题都产生于14岁之前。也就是说，孩子小时候的经历会对其成长为内心健全、行为正常的人产生影响。这里要提出一个词，即安全感。

安全感是指渴望稳定、安全的心理需求，属于个人内在精神需求。安全感是对可能出现的对身体或心理的危险或风险的预感，以及个体在待人处世时的有力或无力感，主要表现为确定感和可控感。首先，安全感是一种感觉、一种心理；是来自一方的表现所带给另一方的感觉；是由让人可以放心、可以舒心、可以依靠、可以相信的言谈举止等方面的表现带来的。而对每个人来讲，家是我们认为最有安全感的地方，父母是我们最早信赖且认为最值得信赖的人，父母营造的家庭氛围会给孩子的内心带来相应的安全感，而很多人的心理问题就是由不安引起的。

我们会看到，安全感强的人具备较高的接纳和自我认同，而缺乏安全感的人内心往往隐藏着强烈的自卑和敌对情绪。缺乏安全感的人往往经常感到被拒绝、不被接受、受冷落，或者受到嫉恨、歧视；经常感到孤独、被遗忘、被遗弃；经常感到威胁、危险和焦虑；将他人视为基本上是坏的、恶的、自私的或危险的；对他人抱有不信任、嫉妒、仇恨、敌视的态度；表现出悲观倾向；表现出强迫性内省倾向、病态自责、自我过敏；有罪恶和羞怯感，表现出自我谴责倾向，甚至自杀倾向；不停地为更安全而努力，表现出各种神经质倾向、自卫倾向、自卑等。而安全感较强的人则感到被人喜欢、被人接受，从他人处感到温暖和热情；有归属感，感到自己是群体中的一员；将世界和人生理解为惬意、温暖、友爱、仁慈，认为普天之下皆兄弟；对他人抱有信任、宽容、友好、热情的态度，乐观、开朗；以现实的态度面对现实，关心社会，乐于合作，善意、富有同情心。

父母营造安全、和睦、温暖的家庭氛围是给孩子内心安全感的第一步。如果万不得已，父母不得不离异，也要处理好孩子的心理安全问题。等到孩子心理问题严重了再做补救，则为时已晚。

在百加青少年班，我曾经接待了一位家长，这位家长是一个知名企业的老板。他多年拼命工作，做出今天的成绩，原以为自己这一生非常值得自豪，可是他唯一的女儿突然跳楼自杀了！他怎么都想不明白：孩子为什么突然就自杀了？这么些年自己在工作上遇到的压力和阻力都扛过来了，孩子的突然自杀让他无法接受！

孩子的自杀真的是突然决定的吗？孩子曾经跟自己做过多久的抗争，经历了怎样的内心挣扎，对自己和世界有多大的绝望才会放弃自己呀！父母居然没有看到、没有觉察到，孩子当时该有多无助啊！

所以，家长一定要聆听孩子、关心孩子，给他们足够的安全感，让他们有足够的内心力量去迎接生命里可能出现的各种风暴，帮助他们成长为一个身体健康、内心强健、勇敢快乐的人。

如果你意识到了孩子心理安全的重要性，不妨从生活中观察孩子的心理健康状况。

如何判断孩子心理是否健康

(1) 如果你觉察到孩子最近不主动与你沟通，或者除了要钱来找你，需要某样东西的时候求助你之外，其他时间不怎么跟你交流，你也不知道他最近在想什么时，一定要主动跟他进行沟通。

(2) 观察孩子的行为和情绪是否稳定，有无行为或情绪失控的情况，比如，动不动就发脾气、容易暴躁、开始摔东西等，如果出现了这些问题，就要多安抚并走进他的内心，找到源头，帮助孩子找回安全感。

（3）观察孩子是否无缘无故地感到害怕、恐惧。如果近期孩子总是一个人躲起来，对外界的干扰总表现出一惊一乍、很惊恐或很害怕，就要试着了解孩子近期是否因为某件事或某个人受到了惊吓，导致孩子神经紧张、安全感下降。

（4）观察孩子是否会伤害自己。如果孩子已经开始自残，比如，打自己、莫名其妙地哭、用烟头烫自己等，说明孩子已经有了很大的心理问题。这时候家人需要用爱与理解帮助孩子，还要带孩子去看心理医生，家长必须给予孩子最大的帮助和支持。

（5）观察孩子是否无缘无故地出现头痛、恶心、注意力下降、体重下降等现象。如果发现孩子出现了这些症状，千万不要掉以轻心，不能置之不理，不要以为这是身体的小毛病，会慢慢好起来。这时候家长一定要寻找专业人士，与专家或者心理医生一起来帮助、支持孩子。

父母还有可能会在不经意间做出一些伤害孩子的事情，导致孩子的心理缺乏安全感，甚至引发一系列的心理问题。这里要提醒各位家长，父母一定不可以做三件事，具体介绍如下。

父母一定不可以做的三件事

第一件事：一定不可以当着孩子的面吵架，甚至动手打架。

在百加青少年班，我听到孩子投诉最多的就是父母吵架、打架。有一个孩子的父母常常吵架、打架，他的梦想是希望诺贝尔和平奖的获得者把自己的父母抓起来给予教育。很多成人三四十岁了，回忆起童年生活的时候，还会觉得小时候让自己最受伤的事就是父母整天吵架、打架。这样的童年经历的确很容易让一个人特别没有安全感。

第二件事：一定不可以把消极的情绪暴露或者发泄在孩子的身上。父母把本该由自己消化的负面情绪暴露或发泄在孩子身上的话，孩子可能会觉得自己哪里没做好或者自己就是罪恶的，这对孩子身心的伤害都是极大的，甚至会潜移默化地导致孩子胆小、活得战战兢兢、自残自伤或是也对别人暴力相向。

第三件事：一定不可以当着孩子的面用非常偏激的态度或者语言去表达对某一个人或者每一件事的看法。即便你可能真的有情绪需要表达，但也不要当着孩子的面，因为那一刻你可能是愤怒的，你的态度会影响孩子的态度，你的语言和对他人偏激的看法，会深深地印刻在孩子的脑海里。这样会导致孩子成为一个偏激或带着偏见的人，而这样的人往往在生活里不招人待见或难以交到真心的朋友。

在生活中，很多孩子似乎并没有遭遇到身体上的伤害和意外事故，但其实内心已被无形摧残，这种摧残往往是父母或者最亲近的人带来的。

给孩子足够的安全感，多教给孩子一些日常的安全知识，让孩子在一个安全、健康的环境中长大，确保孩子身、心、灵俱安，是父母的最大责任。